JOHN ELDREDGE

MAJESTUOSO

LA HISTORIA QUE DIOS ESTÁ CONTANDO Y EL PAPEL QUE TE TOCA DESEMPEÑAR.

GRUPO NELSON
Desde 1798

Para otros materiales, visítenos a:
gruponelson.com

Traducción: *Omayra Ortíz*
Tipografía: *A&W Publishing Electronic Services, Inc.*

ISBN: 978-0-71808-505-6

Impreso en Estados Unidos de América

15 16 17 18 19 20 ❖ 9 8 7 6 5 4 3 2 1

CONTENIDO

Siempre he sentido que la vida es primero una historia,
Y si hay una historia, hay un narrador de historias.

—G. K. CHESTERTON

PRÓLOGO

«¿Me pregunto en qué clase de historia hemos caído?»

—J. R. R. TOLKIEN, *El señor de los anillos*

ara Frodo y Sam ha sido una jornada bastante asombrosa cuando el pequeño jardinero se cuestiona esto. Desde que dejaron su casa atrás han encontrado más maravillas y más peligros de los que hubieran podido imaginar. La batalla en Weathertop. El vuelo al vado. La belleza de Rivendell. Las oscuras minas de Moria, donde perdieron a su amado Gandalf. Su comunidad se había disuelto; sus amigos ahora están muy lejos en otra parte del viaje. Han llegado a la sombra de Mordor; dos pequeños *hobbits* y sus utensilios de cocina en un viaje para salvar al mundo.

Es en este punto que Sam dice: «¿Me pregunto en qué clase de historia hemos caído?» Sam no pudo haber hecho una mejor pregunta.

Él asume que *hay* una historia, que está pasando algo más grande. También asume que de alguna manera ellos han caído en esto, impulsados hasta allí.

¿En qué clase de historia he caído?, es una pregunta que nos ayudaría muchísimo si nos la hiciéramos a nosotros mismos.

Tal vez sería la pregunta más importante que jamás hayamos hecho.

LA VIDA ES UNA HISTORIA

La vida, te darás cuenta, es una historia.

La vida no nos llega como un problema de matemáticas. Nos llega de la misma forma en que lo hace una historia: escena por escena. Te levantas. ¿Qué pasará después? No lo sabes; tienes que entrar y caminar la jornada según llega. El sol podría estar brillando. Tal vez haya un tornado afuera. Tus amigos podrían llamar e invitarte a salir a navegar. Podrías perder tu empleo.

La vida se desarrolla como un drama. ¿No es así? Cada día tiene un principio y un fin. Hay todo tipo de personajes, todo tipo de escenarios. Un año pasa como el capítulo de una novela. Algunas veces parece una tragedia. Otras veces parece una comedia. La mayor parte se siente como una novela. No importa lo que pase, es una historia de cabo a rabo.

«Toda la vida es una historia», nos recuerda Madeleine L'Engle.

Saber esto nos ayuda. Cuando llega el momento de entender esta vida que estás viviendo, te convendría mucho saber el resto de la historia.

Llegas a la casa una noche y encuentras que tu auto ha sido declarado «pérdida total». Ahora bien, todo lo que sabes es que se lo prestaste por un par de horas a un amigo o a tu hija adolescente, y ahora ahí lo tienes… ¡hecho pedazos! ¿Acaso lo primero que sale de tu boca no es «¿Qué *pasó*?»

En otras palabras: «Cuéntame la historia».

Alguien tiene que dar algunas explicaciones, y eso solo puede hacerse escuchando el relato que tiene que contar. Ahora bien, ten cuidado, pudieras llegar a la conclusión equivocada. ¿Hace alguna diferencia saber que ella no estaba manejando a exceso de velocidad, o que de hecho, el otro auto rebasó la luz roja? Esto cambia la forma en que te sientes con respecto a todo. Gracias a Dios que ella está bien.

La verdad sea dicha, necesitas conocer el resto de la historia si quieres entender virtualmente sobre cualquier cosa en la vida. Los chistes son así. No significan nada si llegas cuando ya están en la línea graciosa. «Entonces dijo: "¡Ese no es mi perro!"» Todo el mundo estalla en carcajadas. ¿Qué rayos es tan gracioso? Creo que me perdí algo.

Aventuras amorosas, despidos, el colapso de imperios, un día de tu hijo en la escuela… nada tiene sentido sin una historia.

LA HISTORIA ES LA FORMA
EN QUE DESCIFRAMOS LAS COSAS

Junta a dos personas y pronto estarán contando una historia. Un niño sobre las rodillas de su abuela. Dos hombres en un bote de pesca. Extraños obligados a estar juntos una hora más en el aeropuerto. Simplemente encuéntrate con un amigo. ¿Qué quieres saber? «¿Cómo pasaste el fin de semana?» «Bien» no es una buena respuesta. Sencillamente no satisface. Escuchaste algo sobre una banda de mariachis, una ronda de tequila y un gato. Y quieres saber más sobre *esa* historia.

Piensa en nuestra fijación con las noticias. Cada mañana y cada tarde, en cada esquina del globo, millones de personas leen un periódico o sintonizan un canal para ver las noticias. ¿Por qué? Porque nosotros los humanos tenemos una urgencia por el significado… por el resto de la historia. Necesitamos saber qué está pasando.

En algún lugar en Asia emboscaron a nuestros muchachos. ¿Qué está pasando allí? Un virus está causando desastres en la Internet. ¿Qué tenemos que hacer para protegernos? De alguna manera no nos sentimos tan perdidos si sabemos qué está pasando a nuestro alrededor. Queremos sentirnos familiarizados con nuestro mundo. Cuando encendemos el noticiario, nos estamos sintonizando con un mundo de historias. No solo hechos... historias.

La historia es el lenguaje del corazón.

Después de todo, ¿cuál es la forma favorita del mundo para pasar la noche de un viernes? Con una historia: un libro, un programa favorito, una película. ¿No es cierto? ¡Cielos! Ahora hay una tienda de videos en cada esquina. Han tomado el lugar de las iglesias del vecindario.

¡Ah! Y a propósito, esto es mucho más profundo que el mero entretenimiento. Las historias nos alimentan. Proveen el tipo de alimento que anhela nuestra alma. «Las historias son herramientas para vivir», dice el maestro de redacción de guiones en Hollywood, Robert McKee. Él cree que vamos a las salas de cine porque anhelamos encontrar en la historia de otra persona algo que nos ayudará a entender la nuestra. Vamos para «vivir una realidad ficticia que ilumina nuestra realidad diaria».

Las historias arrojan luz en nuestras vidas.

Quizás sabemos que la vida es un viaje, pero a través de los ojos de Frodo, vemos lo que requerirá ese viaje. Tal vez sabemos que la valentía es una virtud, pero luego de ver a Maximus en el *Gladiador* o a Jo March en *Little*

Women, nos sorprendemos anhelando ser valientes. Aprendemos la mayoría de nuestras lecciones más importantes por medio de la historia, y la historia profundiza todas nuestras lecciones más importantes.

Como Daniel Taylor escribió: «Nuestras historias nos dicen quiénes somos, por qué estamos aquí y qué tenemos que hacer. Nos dan las mejores respuestas para todas las grandes preguntas de la vida, y también para la mayoría de las pequeñas».

Por esto, si quieres conocer a las personas, necesitas conocer *su* historia. La vida de ellas es una historia. Y también tiene un pasado y un presente. Y también se desarrolla en una serie de escenas en el transcurso del tiempo. ¿Por qué Abuelo está tan callado? ¿Por qué bebe tanto? Bien, déjame contarte. Hubo una terrible batalla en la Segunda Guerra Mundial, en el Pacífico Sur, en una isla llamada Okinawa. Decenas de miles de soldados norteamericanos murieron o fueron heridos allí; algunos de ellos eran los mejores amigos de tu abuelo. Él también estuvo allí y vio cosas que nunca ha podido olvidar.

«Pero para lograr que puedas entender», explicaba la novelista Virginia Wolf, «para darte mi vida, tengo que contarte una historia».

Supongo que todos nosotros hemos, en un momento u otro, en un intento por entender nuestras vidas o descubrir qué se supone que hagamos, ido a alguien con nuestras historias. Esto no es meramente al departamento de sicoterapeutas y sacerdotes, sino a cualquier buen amigo. «Dime qué pasó. Cuéntame tu historia y trataré de ayudarte a que tenga algún sentido».

Parece que estás… atrapado. Todo se está haciendo pedazos. ¿Qué significa todo esto? ¿Debiste haber escogido otra especialidad, después de todo? ¿Estabas realmente hecho para tomar esa posición de maestro? ¿Encontrarás a alguien con el que pases el resto de tu vida? ¿Será fiel? ¿Y qué de los hijos? ¿Van en la dirección correcta? ¿Te perdiste alguna oportunidad en la vida de ellos, algún momento clave en el camino? Y si están a punto de ocurrir algunos momentos cruciales, ¿los reconocerás? ¿Te perderás las señales de comenzar?

Los seres humanos compartimos estas persistentes preguntas: ¿Quién soy realmente? ¿Para qué estoy aquí? ¿Dónde encontraré vida? ¿Qué quiere Dios de mí? Las respuestas para estas preguntas parecen llegar solo cuando conocemos el resto de la historia.

Como dijo Neo en *The Matrix Reloaded*: «Solo deseo haber sabido lo que se suponía que hiciera». Si la vida es una historia, ¿cuál es la trama? ¿Qué papel debes desempeñar? ¿Sería bueno saberlo, no crees? ¿De qué se trata todo esto?

«Ver nuestras vidas como historias es más que una poderosa metáfora. Es la manera en que la experiencia se nos presenta a sí misma», escribió Daniel Taylor.

Hemos perdido nuestra historia

Y es aquí donde nos tropezamos con un problema.

Para la mayoría de nosotros, la vida se siente como una película, hemos llegado cuarenta y cinco minutos tarde.

Parece que está pasando algo importante… quizás. Digo, sí ocurren cosas buenas, en ocasiones cosas hermosas. Conoces a alguien, te enamoras. Encuentras el trabajo que solo tú puedes hacer. Pero también ocurren cosas trágicas. Dejas de amar o tal vez la otra persona deja de amarte. El trabajo comienza a parecer un castigo. Todo comienza a sentirse como una rutina interminable.

Si esta vida tiene algún sentido, entonces, ¿por qué nuestros días parecen tan *al azar*? ¿Qué drama es este en el que nos han dejado caer en el medio? Si hay un Dios, ¿qué clase de historia está contando aquí? En algún momento comenzamos a cuestionarnos si Macbeth, después de todo, estaba en lo correcto: ¿Es la vida una historia «contada por un tonto, llena de sonido y furia, que no significa nada»?

No es de extrañarse que sigamos dándonos por vencidos.

Nos encontramos en el centro de una historia que a veces es maravillosa, otras veces horrible y, con frecuencia, una confusa mezcla de ambas, y no tenemos ni la más remota idea de cómo hacer que tenga sentido. Es como si tuviéramos en nuestras manos algunas páginas arrancadas de un libro. Estas páginas son los días de nuestra vida. Fragmentos de una historia. Parecen importantes, o al menos, anhelamos descubrir que lo son, ¿pero que significa todo esto? Si tan solo pudiéramos encontrar el libro que contiene el resto de la historia.

Chesterton estaba en lo correcto cuando dijo: «Con cada paso de nuestras vidas entramos en el medio de alguna historia que de seguro vamos a malinterpretar».

El mundo ha perdido su historia. Cómo pasó esto es absolutamente una historia también, una para la que no tenemos tiempo aquí. Pero el capítulo más reciente de esa historia tiene que ver con la era moderna y cómo la raza humana miró a la ciencia para descifrar la adivinanza de nuestras vidas. Como dijera Neil Postman sobre la perspectiva científica:

> Al final, la ciencia no provee las respuestas que la mayoría de nosotros exige. Su historia sobre nuestros orígenes y nuestro final es, por no decir otra cosa peor, insatisfactoria. A la pregunta «¿cómo empezó todo?», la ciencia contesta: «Probablemente por un accidente». A la pregunta «¿cómo terminará todo?», la ciencia contesta: «Probablemente por un accidente». Y para mucha gente, no

> vale la pena vivir una vida accidental. (*Science and the Story that We Need* [La ciencia y la historia que necesitamos])

Desde entonces nos hemos más bien rendido en tratar de encontrar alguna historia mayor en la cual vivir. Nos hemos conformado con la *in*certidumbre... realmente no podemos saber. Escucha la forma en que las personas ofrecen sus pensamientos y opiniones sobre virtualmente todo en estos días. Siempre comienzan o terminan una oración con un comentario calificativo como este: «Pero esa es sencillamente la forma en que yo lo veo».

Esto no es meramente una exhibición de humildad. Es una señal de una creencia compartida de que nada seguro puede conocerse. Todo lo que tenemos ahora son nuestras opiniones. «El sentido perdido», dijo el poeta David Whyte, «de que jugamos el papel de nuestras vidas como parte de una historia mayor».

> Era una de esas grandes historias
> que no puedes dejar de leer en las
> noches
> El héroe sabía lo que tenía que hacer
> Y no tenía miedo de pelear
> El villano va a la cárcel

Y el héroe sale en libertad
Ojalá fuera así de simple para mí.
(Phill Collins y David Crosby,
«Hero» [Héroe])

¿En qué clase de historia *hemos* caído?

HAY UNA HISTORIA MAYOR

Entra a cualquier centro comercial grande, museo, parque de diversiones, hospital o universidad y típicamente te encontrarás con un mapa enorme con la famosa estrella roja y las alentadoras palabras: *Usted está aquí.* Estos mapas se ofrecen a los visitantes como una forma de orientarse sobre su ubicación y tener alguna perspectiva de las cosas. Este es el Cuadro General. Aquí es donde estás en ese cuadro. Espero que ahora sepas hacia dónde ir. Ya tienes tus direcciones.

¡Ah, si tuviéramos algo así para nuestras vidas! «Esta es la Historia en la que te has metido. Aquí es donde empezó. Aquí fue donde todo salió mal. Aquí está lo que pasará después. Ahora bien, este es el papel que se te ha dado. Si quieres cumplir tu destino, esto es lo que tienes que hacer. Estas son tus señales. Y, a fin de cuentas, así es como saldrán las cosas».

Podemos hacerlo.

Podemos descubrir *la* Historia. Quizás no con perfecta claridad, tal vez no con todos los pormenores que te gustarían, pero con mayor claridad de la que la mayoría de nosotros tenemos, y eso hará que el precio de entrada haya valido la pena. Digo, tener algo de claridad sería oro en este momento. ¿No crees?

Comienza con las películas que más te gustan.

Hablo en serio. Piensa en tus películas preferidas. Fíjate que toda buena historia tiene los mismos ingredientes. Amor. Aventura. Peligro. Heroísmo. Romance. Sacrificio. La Batalla entre el Bien y el Mal. Héroes insólitos. Situaciones insuperables. Y un pequeño grupo de personas que contra toda esperanza logra salir airoso al final.

¿Estoy en lo correcto? Piensa otra vez en tus películas preferidas. *Sense and Sensibility. Don Juan DeMarco. Titanic. The Sound of Music. Sleepless in Seattle. Gone with the Wind. Braveheart* [Corazón valiente]. *Gladiator* [Gladiador]. *Rocky. Top Gun. Apollo 13. The Matrix. The Lord of the Rings* [1] [El señor de los anillos]. Estas

---

1.   Nota del traductor: Todas estas películas han sido éxitos de taquilla en la industria cinematográfica de los Estados Unidos y han sido galardonadas por la excelencia en su producción. Algunas de ellas han sido traducidas al español o están disponibles con subtítulos en español.

películas que te gustan tanto te están diciendo algo muy importante, algo esencial sobre tu *corazón*.

La mayoría de nosotros no ha dejado de preguntarse: *¿Por qué* ese *corazón? ¿Por qué* esos *anhelos y deseos?* ¿Acaso nos fueron dados nuestros anhelos de amor y aventura, de romance y sacrificio, como un tipo de pista, un mapa del tesoro hacia el significado de la Vida misma?

Ahora bien, quiero que te des cuenta de que todas las grandes historias tienen casi la misma trama. Las cosas estaban bien alguna vez, luego ocurrió algo terrible y ahora una gran batalla tiene que ser peleada o un camino tiene que tomarse. Y justo en el momento indicado (el cual se siente como el último momento posible) llega un héroe y pone las cosas en orden, y la vida surge otra vez.

Esto es cierto en todo cuento de hadas, todo mito, toda aventura del oeste, toda épica; casi cualquier historia en la que puedas pensar, de una forma u otra. *Corazón valiente, El Titanic*, la serie *Viaje a las estrellas, Gladiador*, la trilogía *El señor de los anillos*. La trama en todas ellas es casi la misma.

¿Te has preguntado alguna vez por qué?

Cada historia, grande o pequeña, comparte la misma estructura esencial porque cada relato que contamos toma prestado su poder de una Historia Mayor, una Historia entretejida en el ser mismo de cada persona. Esto es lo que el sicólogo pionero Carl Jung trató de explicar como arquetipo, o lo que su más reciente divulgador Joseph Campbell llamó el mito.

Todas estas historias toman prestado de *la* Historia. De la Realidad. Escuchamos ecos de esto a lo largo de nuestras vidas. Es algún tipo de secreto escrito en nuestros corazones. Una gran batalla que pelear, y alguien que pelee por nosotros. Una aventura, algo que exige todo lo que tenemos, algo para compartir con aquellos a quienes amamos y necesitamos.

Hay una Historia de la que sencillamente parecemos no poder escapar. *Hay* una Historia escrita en el corazón del ser humano.

Eclesiastés 3.11 lo presenta así:

> [Dios] ha puesto eternidad en el corazón
> de ellos [del hombre].

Oye, ¿no tendría sentido que si alguna vez encontráramos el secreto de nuestras vidas, el secreto del universo, nos llegara primero como una historia? La historia es la naturaleza misma de la realidad. Como las partes que faltan en una novela, esto explicaría estas páginas que estamos sosteniendo, los capítulos de nuestras vidas.

Segundo, hablaría a los deseos más profundos de nuestro corazón. Si la naturaleza no hace nada en

vano, ¿entonces por qué el corazón humano? ¿Por qué
esos anhelos y deseos universales? El secreto sencillamente no podría ser cierto a menos que contuviera las
mejores partes de las historias que amas. Y a pesar de
esto, tendría también que ir más profundo y más alto
que cualquiera de ellas sola.

ÉPICA

El cristianismo reclama hacer esto por nosotros.

No el cristianismo de asistencia regular a la iglesia
y de buenos modales. No el cristianismo del tipo
más-santo-que-nadie ni el dogmatismo. No otra *religión*, gracias a Dios.

Eso no es cristianismo. ¡Ah! Sé que esto es lo que
la mayoría de las personas, incluyendo la mayoría de
los cristianos, piensa que es de lo que se trata el cristianismo. Están equivocados. Hay más. *Mucho más*. Y
ese más es lo que la mayoría de nosotros hemos estado
anhelando la mayor parte de nuestra vida.

Una Historia. Una Épica.

Algo escondido en el pasado antiguo.

Algo peligroso que ahora se está desarrollando.

Algo esperando en el futuro para que lo descubramos.

Algún papel crucial para que lo desempeñemos.

El cristianismo, en su forma real, nos dice que hay
un Autor y que él es bueno, la esencia de todo lo que

es bueno y hermoso, porque él es la fuente de todas estas cosas. Nos dice que él ha puesto los anhelos de nuestros corazones en nosotros porque él nos ha hecho para vivir en una épica. Nos advierte que la verdad siempre corre el peligro de ser torcida, corrompida y robada de nosotros porque hay un Villano en la Historia que odia nuestros corazones y quiere destruirnos. Nos llama a ser parte de una Historia que es más cierta y profunda que ninguna otra, y nos asegura que allí encontraremos el significado de nuestras vidas.

¿Qué tal si…?

¿Qué tal si las grandes historias que siempre te han conmovido, te han traído alegría o lágrimas… qué tal si te están diciendo algo sobre la *verdadera* Historia en la cual tú naciste, la épica para la cual has hecho tu audición?

No comenzaremos a entender nuestras vidas o qué es este presunto evangelio del cual el cristianismo tanto habla, hasta que entendamos la Historia en la cual nos encontramos. Porque cuando naciste, entraste en una épica que ya había estado desarrollándose desde hacía bastante tiempo. Es una Historia de belleza, de intimidad y de aventura; una Historia de peligro, de pérdida, de heroísmo y de traición.

Es un mundo de magia y de misterio, de profunda oscuridad y de centellear de estrellas.

Es un mundo donde ocurren cosas terribles y también cosas maravillosas. Es un mundo donde se enfrenta bondad contra maldad, amor contra odio, orden contra caos, en una gran lucha donde con frecuencia es difícil estar seguro quién pertenece a qué lado porque las apariencias son incesantemente engañosas. Sin embargo, a pesar de toda su confusión y fiereza, es un mundo en el que a fin de cuentas el bueno gana la batalla, quien vive feliz para siempre y donde en última instancia todo el mundo, tanto el bueno como el malo, llega a conocerse por su verdadero nombre... Este es el cuento de hadas del Evangelio, claro está, con una diferencia crucial de todos los cuentos de hadas, y es el reclamo que se hace de que es cierta, que no solo no comienza con «había una vez», sino que ha seguido ocurriendo desde entonces y todavía sigue ocurriendo. (Frederick Buechner, *Telling the Truth* [Diciendo la verdad]).

Pero ya me adelanté mucho. Descubramos la épica por nosotros mismos.

Primer Acto

AMOR ETERNO

*En el principio era el Verbo, y el Verbo era con
Dios, y el Verbo era Dios. Este era en el principio
con Dios.*

—JUAN 1.1-2

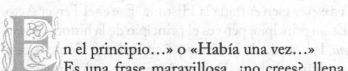n el principio...» o «Había una vez...»
Es una frase maravillosa, ¿no crees?, llena
de mito y leyenda; promesa y misterio, y un tipo de
invitación. «Ven, déjame mostrarte algo...»

Había una vez un rey bondadoso y una reina que
estaban muy tristes porque no podían tener hijos. Había una vez una preciosa sirvienta que vivía con sus
malvadas hermanastras. Había una vez, de todos los
días buenos del año, en la víspera de la Navidad...
Hace mucho tiempo, en una galaxia muy, muy lejana... Todas las historias realmente buenas empiezan
de esta manera.

Esto aumenta nuestros anhelos por lo antiguo, nuestra insaciable curiosidad por mirar hacia atrás a los tiempos pasados. Porque Dios ha —permíteme recordarte— puesto eternidad en nuestros corazones (Eclesiastés 3.11). Así que muchas historias, y especialmente las grandes épicas, regresan a la leyenda y al mito, y a las cosas olvidadas. Porque *nuestra* historia comienza allí. Había una vez.

«En el principio» se usa dos veces en las Escrituras. Tenemos el pasaje muy bien conocido de Génesis: «En el principio creó Dios los cielos y la tierra» (1.1).

Y ciertamente es un pasaje muy importante. Pero para llegar a entender esta Épica no puedes empezar allí. Ya eso es bien entrada la Historia. Ese es el Tercer Acto. Es un principio, pero es el principio de la historia *humana*, la historia de la vida aquí en la tierra. Como dice el erudito en hebreo, Robert Alter, una mejor traducción sería: «Cuando Dios comenzó a crear los cielos y la tierra». Cuando Dios comenzó a crear la vida que conocemos. ¿Y antes de esto? Hay sucesos que precedieron a este capítulo, sucesos que debemos conocer.

Si quieres ir atrás al había una vez *antes* de todos los tiempos, bueno, entonces tienes que empezar con otro pasaje, tomado del evangelio de Juan:

> En el principio era el Verbo, y el Verbo era
> con Dios, y el Verbo era Dios. Este era en el

principio con Dios. Todas las cosas por él
fueron hechas, y sin él nada de lo que ha sido
hecho, fue hecho. (1.1-3)

Ahora estamos remontándonos a cosas anterio-
res a Génesis. Había una vez en la eternidad, si
quieres decirle así. ¿Qué significa? Juan estaba aden-
trándose en el misterio de la vida misma de Dios,
antes de que existiera cualquier otra cosa, y estaba tratando de revelar esto: en el pasado antiguo
existía una relación, una heroica intimidad, algo
llamado Trinidad.

Piensa en las primeras escenas de la película *El último de los mohicanos*:

1757.
Las colonias Americanas.
Es el tercer año de la guerra entre
Inglaterra y Francia por la posesión
del continente.

Tres hombres,
Lo que queda de un pueblo
en desaparición
Está parado en la frontera oeste
Del Río Hudson.

Vemos una indómita y vasta tierra salvaje. Montañas y bosques tan lejanos como el ojo puede ver. Belleza. Misterio. Un mundo primitivo. Somos llevados a esos bosques y descubrimos a tres hombres, corriendo a toda velocidad a través del espeso bosque. Saltando sobre quebradas, corriendo a través de una tupida maleza, es obvio que están en una gran misión.

No se dice ninguna palabra en esta escena; no necesita pronunciarse ninguna palabra. Es una imagen de intimidad, comunidad y aventura. Un retrato de la Trinidad.

Ahora bien, tengo que hacer una confesión. Desde que comencé a creer en Dios (lo que ha ocurrido solo desde que soy adulto), lo he imaginado... solo. Soberano, poderoso, todo eso. Pero solo.

Tal vez la noción surgió del hecho de que sentía que yo estaba solo en el universo. O quizás fue el resultado de imágenes religiosas de Dios sentado sobre un gran trono, bien arriba, en algún lugar. Qué maravilloso saber que Dios nunca ha estado solo. Él siempre ha sido Trinidad: Padre, Hijo y Espíritu Santo. Dios siempre ha sido una comunidad. Toda esta Historia comenzó con algo *relacional*.

Esta no es una revelación sin importancia.

El famoso ateo Bertrand Russell sugirió que si pudiéramos descifrar el misterio de este universo y llegar al corazón de las cosas, lo que probablemente encontraríamos allí sería una ecuación matemática. Algo científico e impersonal como el origen de todo lo demás. Ciertamente una fría perspectiva de nuestro mundo.

Pero fracasa en explicar una cosa: ¿Cómo la personalidad humana vino de algo *im*personal? ¿Cómo pudo un personaje tan extraño como tu tío Eduardo haber salido de una ecuación matemática? No tiene sentido.

La gran pregunta filosófica es simplemente: «¿Cómo llegó todo esto aquí?» Y no solo tenemos el ineludible hecho de que *sí* hay algo aquí; tenemos algo que es resplandeciente en su detalle y complejidad, y hermoso más allá de toda descripción. Colibríes. Canguros. El águila imperial. Tulipanes. Mangos. El Parque Nacional Serengeti. La mañana, tarde y noche.

Es imposible que simplemente esto haya comenzado por acuerdo propio, por un accidente. Tan improbable (como plantea el argumento) como que un reloj suizo se forme si tiras mil partes en tu secadora de ropa y comiencen todas a dar vueltas.

No, la tierra tiene todas las marcas de las manos de un artista.

Esto resultará en un alivio para los científicos que han estado atormentados por el hecho de que las

inmutables leyes de la naturaleza no parecen, después
de todo, ser completamente inmutables. Esto fue lo
que llevó al pobre Einstein a buscar un razonamiento,
el asunto ese de la relatividad, y nos llevó a pensar al
resto de nosotros que *todo* es relativo. La naturaleza
no fue generada por una computadora sino por una
Persona. Es personal en naturaleza. Si parece extraña,
es tan extraña como La Flauta Mágica de Mozart y
los *Irises* de Van Gogh lo son. Refleja personalidad.

Ahora bien, añade a este hecho que paseando
por todo este mundo hay personajes con característi-
cas únicas que universalmente tienen un sentido
del humor y una historia de amor, y todos ellos están obsesionados en cierto nivel con un anhelo de
que las cosas tengan sentido. Si nuestros orígenes
fueran impersonales y accidentales, entonces, ¿por
qué la mayoría de nosotros está totalmente insatis-
fecho con esa respuesta?

No, solo la personalidad engendra personalidad.

Pero me temo que muchas perspectivas religiosas
no son mucho mejores que la de Russell. Dios existe,
pero solo como la Gran Mente detrás del universo. El
impasible hombre de acción de Aristóteles. El Gran
Jugador de Ajedrez moviendo las piezas del tablero.
Una perspectiva del mundo igualmente fría e indife-
rente, solo que peor porque hay Alguien al timón que
es insensible al sufrimiento humano.

Como Herman Melville confesó: «La razón por la que el conglomerado de hombres teme a Dios, y en el fondo le desagrada, es porque más bien ellos desconfían del corazón de Dios y se lo imaginan todo cerebro, como un reloj».

Qué gran diferencia hace descubrir que el corazón de todas las cosas es, en efecto, solo eso: un Corazón. Una personalidad. O mejor aún, una asociación de corazones. Comunidad. Trinidad. En otras palabras, la realidad es relacional en su esencia.

Simplemente tienes que mirar a la gente para descubrir que esto es cierto. Sin importar qué otra cosa quiera decir ser humano, sabemos sin duda alguna que significa ser *relacional*. ¿No es cierto que las más grandes alegrías y recuerdos de tu vida están asociados con la familia, la amistad o enamorarse? ¿Acaso tus heridas más profundas no están de alguna forma relacionadas también con *alguien*, al fracaso de una relación? ¿Conque fuiste amado o amada pero ya no es así, o que nunca fuiste escogido?

Uno de los anhelos más profundos del ser humano es el anhelo de pertenecer, de ser parte de las cosas, de ser invitado. Deseamos ser parte de la relación. ¿De dónde vino *eso*?

De igual forma, nuestras mayores tristezas se derivan de perder a aquellos que amamos. Byron se lamentó:

¿Cuál es la peor aflicción que nos
espera con la edad?
¿Qué marca la arruga más profunda en
la frente?
Ver a cada ser amado tachado de la
página de la vida,
Y estar solo en la tierra, como estoy yo
ahora.

La soledad podría ser la cruz más pesada de llevar.
¿Por qué otra razón hemos inventado el encarcela-
miento en una celda aislada como una forma de
castigo? Somos relacionales en esencia. Somos hechos, como dice Génesis, a la imagen de Dios o,
mejor aún, a la imagen de la Trinidad: «Hagamos al
hombre a *nuestra* imagen» (1.26, énfasis añadido).

Meister Eckhart estaba en lo correcto cuando dijo
que nacimos de la risa de la Trinidad.

Del Corazón del universo viene nuestro latente
corazón. De esta Relación emanan todos nuestros anhelos por un amigo, una familia, una comunidad;
algún lugar al que podamos *pertenecer*.

TIENES UNA INVITACIÓN
A SER PARTE DE ELLA

Me crié en los suburbios de Los Ángeles y cuando era

niño me metí en más líos de los que me tocaban. Quizás más por desesperación que por sabiduría, mis padres decidieron que lo mejor era enviarme cada verano a los maravillosos espacios al aire libre del este de Oregón, al rancho ganadero de mi abuelo.

Era el sueño de cualquier niño.

Caballos y camionetas, rifles y viejos graneros, y un vasto campo para explorar. Cada día me levantaba para vivir una nueva aventura. ¿Se rompió la verja y el ganado está regado por toda la finca? ¡Fantástico! Ensillemos los caballos. ¿Alguien necesita traer el viejo tractor desde el campo? ¡Yo lo hago! ¡Déjame hacerlo! Las tardes en las que mi abuelo tomaba una siesta, yo me iba a atrapar ranas o a subir por las vigas de los graneros o a explorar el terreno.

Mi abuelo era mi héroe. Recuerdo cuando me montaba en su vieja camioneta azul Ford Apache; mi abuelo con su sombrero de vaquero y guantes de trabajo de cuero, saludando con la mano a casi todo el mundo en la carretera, y ellos devolviendo el saludo con un sentido de respeto. Esto me hacía sentir la seguridad de que alguien estaba a cargo, alguien fuerte y amoroso. Juntos cabalgamos por los pastos y las desiertas artemisas, reparando cercas, atendiendo al ganado enfermo, pescando al estilo «Huck Finn»; esto es, con ramas de sauce y un pedazo de cordón. Era una pausa en el tiempo, días de verano sin fin.

El domingo, sin embargo, era mi día preferido de la semana.

Cuando llegaban las tardes de domingo se detenían los quehaceres y hacíamos lo que mi abuelo llamaba «visitas» a los familiares en los pueblos y fincas cercanas. Aunque llegáramos sin habernos anunciado, siempre se alegraban de vernos y de alguna manera el momento era perfecto para que el pastel acabara de salir del horno y estuviera enfriándose en la ventana. Sin importar lo que la gente estuviera haciendo, dejaban todo a un lado para sentarse y charlar, contaban historias, se reían de esto y de aquello, y me preguntaban en qué nueva travesura me había estado metiendo.

Ahora bien, esta era la mejor parte de todo: No tenía que inventarme esa historia.

No dependía de mí. Ya había estado ocurriendo años y años antes de que siquiera yo existiera, una gran aventura y una relación de compañerismo. Una historia de la que podía ser parte. Y ellos *deseaban* que fuera parte de ella. Ellos esperaban mi llegada. Había un caballo con sus riendas con mi nombre escrito en ellas.

Esa es la promesa del Primer Acto.

Algo nos precedió. Algo bueno. Desearíamos mucho más ser incluidos en algo majestuoso que tener que crear el significado de nuestras vidas. Saber que la vida, a fin de cuentas, no descansa sobre nuestros hombros, sino que nos invita a ser parte de ella.

Fue una gran sorpresa para mí como consejero cuando descubrí por primera vez que los niños preferían saber más que sus padres se amaban que el que los amaran a ellos. Pero por supuesto. Necesitamos saber que el amor es real, que sí *soporta*, que un mundo de amor fue planeado para nosotros y espera por nosotros, y podemos contar con ello. Como Jesús dijo:

> Padre, aquellos que me has dado, quiero que donde yo estoy, también ellos estén conmigo, para que vean mi gloria que me has dado; porque me has amado desde antes de la fundación del mundo. (Juan 17.24)

Necesitamos saber que el amor es duradero. La razón por la que el divorcio es tan devastador para los hijos (sin mencionar a los adultos) es porque pone fin a la historia. Así nada más. El pasado se perdió. El futuro es incierto. Las fotos se quitan de las paredes. Algunos nombres nunca más se mencionan. Se termina la historia de amor. Ya no puedes contar con nada.

Ahora que soy adulto, mis más grandes alegrías no nacen de las aventuras que experimento solo, sino de las aventuras en las que invito a mi esposa y a mis hijos. Escalamos montañas, paseamos en canoa por los ríos y nos comemos en una sola sentada un paquete completo de galletas Oreo. Nos reímos, hablamos y hacemos lucha libre, y sentimos más alegría en cualquier cosa porque es *compartida*.

«En el principio…», antes del amanecer del tiempo.

Algo inmortal, eterno. La gloria de los días antiguos. Como la mejor de todas las historias, esta majestuosa épica en la que hemos nacido tiene un pasado dorado, un misterio oculto.

«… el Verbo era con Dios, y el Verbo era Dios. Este era en el principio con Dios». Una Relación. El Corazón de todas las cosas. No un universo solitario, sino uno nacido del Amor. Esta es la razón por la que una vida egoísta sencillamente no da resultado. El mundo fue establecido de tal forma (¿de dónde vino *eso*?) que la vida no funciona cuando se trata solo de ti. Frodo no pudiera ser un héroe a menos que hubiera nacido en una historia con muchos capítulos que ya hubieran pasado antes del suyo. Su momento deriva su valor y urgencia de los momentos que han ocurrido antes.

«En él estaba la vida» (Juan 1.4). La Fuente de la vida, el Manantial de la vida que buscamos. Sin fin, inmensurable, vida siempre joven. Había una Vida

que existía antes de la nuestra, una majestuosa épica
en marcha.

   Había una vez.

Segundo Acto

LA ENTRADA DEL MAL

Después hubo una gran batalla en el cielo.
—APOCALIPSIS 12.7

ientras pasamos la página al Segundo Acto, permíteme preguntarte algo:

¿Por qué hay un villano en toda historia?

Es difícil pensar en una historia que no tenga uno. Cuando éramos niños aprendimos a temerle al lobo malvado y al ogro debajo del puente. Al ir creciendo descubrimos villanos más severos en la serie de *Viaje a las Estrellas*: Darth Vader, Darth Maul y Darth Sidious. La Bruja Malvada del Oeste atormentó a Dorothy. Wallace peleó contra Longshanks, y Máximo se enfrentó mano a mano a Cómodo. La trinidad en *El último de los mohicanos* eventualmente tuvo que enfrentar a Magua, el hurón de corazón malvado que los traicionó a todos.

En *El señor de los anillos*, llegamos a temerle a Dark Lord Sauron, los Orcs que cumplen con sus órdenes y a los Jinetes Negros que van tras el pobre Frodo y el anillo que le dará al malo el poder para esclavizar al mundo.

Toda historia tiene un villano porque la *tuya* también tiene uno.

Sin embargo, la mayoría de ustedes no vive así.

La mayoría de las personas no vive como si la Historia tuviera un Villano, y eso hace que la vida sea muy confusa. ¿Cómo hemos pasado esto por alto? Todas las historias que hemos estado contando sobre la presencia de un poder malvado en el mundo, todos los personajes tenebrosos que nos han hecho sentir escalofríos en la espalda y nos han producido noches sin descanso nos sirven de *advertencia*.

La maldad está al acecho a nuestro alrededor.

Guerra. Hambre. Traición. Homicidio. No cabe duda de que sabemos que hay una fuerza malvada en este mundo. ¿De dónde vino? ¿Cuál es su motivo? ¿Cómo podemos refugiarnos de sus garras?

Han ocurrido cosas antes de esta vida que estamos viviendo que tienes que entender. Como Gandalf le susurró a Frodo, mientras ambos estaban rodeados por el fuego: «Ese es un capítulo de historia antigua que quizás sería bueno recordar, pues en ese entonces también había lamento, un encuentro de maldad,

pero gran valor y grandes obras que no eran completamente vanas. Un día, quizás, te contaré toda la
historia o quizás debes oírla narrada en su totalidad
por aquel que la conoce mejor».

Algo sucedió antes de nuestra parte en este escenario. Antes de la raza humana vinieron los ángeles.

PODER ANGELICAL

Y el día veinticuatro del mes primero estaba
yo a la orilla del gran río Tigris. Y alcé mis
ojos y miré, y he aquí un varón vestido de
lino, y ceñidos sus lomos de oro de Ufaz. Su
cuerpo era como de berilo, y su rostro parecía un relámpago, y sus ojos como antorchas
de fuego, y sus brazos y sus pies como de color de bronce bruñido, y el sonido de sus
palabras como el estruendo de una multitud.
(Daniel 10.4-6)

No estamos solos.

Este universo está habitado por otros seres; compartimos el escenario con otros personajes. Ahora
bien, los ángeles están otra vez de moda en estos días.
Se ha vuelto chic creer en ángeles, aun en círculos
donde todavía es una vergüenza creer en Dios. Somos
alentados por el pensamiento de que podríamos ser

asistidos por un ángel. Sin embargo, el aliento no es la primera emoción registrada por los mortales que de verdad se han *encontrado* con un ángel real.

> Y sólo yo, Daniel, vi aquella visión, y no la vieron los hombres que estaban conmigo, sino que se apoderó de ellos un gran temor, y huyeron y se escondieron. Quedé, pues, yo solo, y vi esta gran visión, y no quedó fuerza en mí, antes mi fuerza se cambió en desfallecimiento, y no tuve vigor alguno. (vv. 7-8)

¿Por qué en casi todo registro de una visitación angelical las primeras palabras para nosotros los mortales son: «No temáis... No tengan miedo»? Estos no son ángeles como los que ves en el día de San Valentín; niños angelicales con alas doradas que no parecen más peligrosos que preescolares con las mejillas rosadas. Los verdaderos ángeles son poderosos, gloriosos, seres temibles, con más poder del que puedes imaginar.

> Y Jehová envió un ángel, el cual destruyó a todo valiente y esforzado, y a los jefes y capitanes en el campamento del rey de Asiria. (2 Crónicas 32.21)
> Y Jehová envió la peste sobre Israel... y murieron del pueblo, desde Dan hasta Beerseba,

> setenta mil hombres. Y cuando el ángel
> extendió su mano sobre Jerusalén para des-
> truirla, Jehová se arrepintió de aquel mal, y
> dijo al ángel que destruía al pueblo: Basta
> ahora; detén tu mano. (2 Samuel 24.15-16)

> Desata a los cuatro ángeles que están atados
> junto al gran río Éufrates. Y fueron desatados
> los cuatro ángeles que estaban preparados
> para la hora, día, mes y año, a fin de matar a
> la tercera parte de los hombres.
> (Apocalipsis 9.14-15)

Espera un momento. ¿Qué tipo de épica está Dios contando aquí?

¿Por qué prepara el escenario con criaturas con alas tan bellas y nobles que no podemos mirar al rostro sin caer de rodillas; tan letales que ejércitos, ciudades y civilizaciones completas caen al enfrentarse a unos pocos? Aún así hay «millones de millones» que participan en esta gran Historia (Daniel 7.10). ¿Qué podría significar esto?

ANUNCIADO

Puedes saber algo sobre una historia por los personajes que el autor incluye en ella. Los caballeros y un

dragón te darán un cierto tipo de relato; una historia
que no pueden proveer unas ardillitas comiendo be-
llotas. La presencia de los guerreros Jedi engrandece y
pone en peligro esos dramas, de la misma forma que
sabemos que algo muy serio está a punto de ocurrir
cuando enviamos a los soldados de marina o las Fuer-
zas Especiales a las costas de una tierra lejana.

¿Qué significa cuando Dios prepara el escenario
con el equivalente del universo de los *Navy Seals* o los
Delta Force? Son poderosos, peligrosos y están arma-
dos.

Tal vez esta Historia no es ni remotamente tan
«segura» como nos gustaría creer.

De esto es precisamente lo que la Biblia (y todas
las historias que hacen eco de ella) nos ha advertido
todos estos años: vivimos en dos mundos; o en un
mundo con dos mitades, una parte que podemos ver y
otra que no. Se nos insta, por nuestro bienestar, que
actuemos como si el mundo no visto (el resto de la
realidad) fuera, de hecho, más opresivo y más real y
más peligroso que la parte de la realidad que podemos
ver. Esta es la razón.

Traición y Motín

Tú eras el sello de la perfección, lleno de sabiduría, y acabado de hermosura. En Edén,

> en el huerto de Dios estuviste; de toda piedra preciosa era tu vestidura; de cornerina, topacio, jaspe, crisólito, berilo y ónice; de zafiro, carbunclo, esmeralda y oro; los primores de tus tamboriles y flautas estuvieron preparados para ti en el día de tu creación. Tú, querubín grande, protector, yo te puse en el santo monte de Dios, allí estuviste; en medio de las piedras de fuego te paseabas. Perfecto eras en todos tus caminos desde el día que fuiste creado, hasta que se halló en ti maldad. (Ezequiel 28.12-15)

A la cabeza de las vastas legiones de huestes angelicales (millones, como registra el relato bíblico) había un capitán. El más hermoso y poderoso de todos ellos. El comandante de los ejércitos de Dios. El guardián de la gloria del Señor. Su nombre era Lucifer. «Hijo de la mañana». Glorioso como el sol. Sin paralelo entre sus nobles compañeros.

Y es aquí donde la Historia da su dramático giro.

«De todos los hombres malos, los peores son los hombres malos religiosos. De todos los seres creados, el más infame de todos es aquel que estuvo originalmente en la misma presencia de Dios». (C.S. Lewis)

Existe un peligro para el que exhibe atributos de gloria que el humilde nunca conoce; una prueba para el poderoso que el débil nunca enfrenta. Ves esto en el peor de los dictadores —los Hitlers y Stalins, los Maos y los Amins— ellos se asignaron a sí mismos el papel de ídolos. Querían más que poder; querían ser adorados.

El orgullo se infiltró en el corazón de Lucifer.

El excelente capitán comenzó a creer que de alguna forma había sido engañado. No quería meramente jugar un papel noble en la Historia; quería que la Historia fuera acerca de *él*. Él codició el trono; quería ser la estrella. Quería para él la reverencia y la adoración.

> Se enalteció tu corazón a causa de tu hermosura, corrompiste tu sabiduría a causa de tu esplendor. (Ezequiel 28.17)

¿Cuántas historias cambian de rumbo debido a una traición? ¿Cuántos reinos han caído a manos de un golpe o una revuelta sangrienta?

Aunque Máximo fue nombrado heredero al trono, el celoso Cómodo cometió asesinato y se aferró al poder. Haciéndose pasar por un mohicano, un amigo y un guía, Magua, traicionó los ejércitos del rey y los llevó a una emboscada. El mayor de todos los Jedis, Anakin Skywalker, se vuelve al lado oscuro y se convierte en Darth Vader. Saruman el Blanco, una vez aliado de todos los pueblos libres de la Tierra-media, deseó con ansias el poder y la vanagloria, y esto lo llevó a su ruina y a la ruina de muchos.

Allí en los palacios del cielo, en los atrios mismos de la felicidad y la gloria sin mancha, Lucifer se reveló contra su Hacedor. Por medio de la traición y el engaño, atrajo para defender su causa a una tercera parte de los ángeles, y ellos se levantaron en armas en contra de su Señor soberano. Y hubo batalla en el cielo.

> ¿Cómo puedo vincular
> al sentido humano las invisibles
>   hazañas
> de espíritus en guerra? Cómo, sin
>   remordimiento,
> la ruina de tantos, una vez gloriosos
> y perfectos mientras resistieron.

En *Paradise Lost* [Paraíso perdido], John Milton forcejeó con el idioma humano para capturar el dramatismo de la escena. Podríamos recordar algunas de las grandes batallas en *El señor de los anillos*.

> Las partes de la armadura chocando rebuznaban en una disonancia horrible… el ruido del conflicto era espantoso; en lo alto, volaba el lúgubre siseo de los impetuosos dardos en ardiente salva… Así, bajo una apasionada

resistencia, se precipitaron juntos en ambas
batallas encabezadas por asalto destructivo y
furia inextinguible. Todo el cielo resonó; y,
si hubiera habido tierra entonces, se hubiera
sacudido toda hasta sus entrañas.

Obras de eterna fama fueron terminadas,
pero infinitas; porque por todo lo ancho se
extendió aquella guerra, y varias; algunas veces en tierra firme una lucha erguida; luego,
surcando los cielos atormentaba todo el aire;
y todo el aire parecía entonces un fuego en
conflicto. Mucho tiempo se mantuvo la
batalla en una balanza pareja, hasta que
Satanás… no igual, vagando entre el espan-
toso ataque de serafines confundidos, a lo
lejos vio dónde había golpeado la espada de
Miguel, y derribando escuadrones al momento; con un enorme vaivén que blandía
en lo alto con las dos manos, el horrible filo
descendió devastando completamente.

Satanás se abre paso en medio de la furia de los
ejércitos en batalla para enfrentar al gran arcángel
Miguel, quien había tomado su lugar a la cabeza de
los fieles. Allí en el campo de batalla se encuentran los
poderosos capitanes. Miguel se vuelve y confronta al
traidor, Lucifer:

Autor de maldad, desconocido hasta vuestra rebelión, … ¿cómo habéis perturbado la bendita paz de los cielos, y traído miseria a la naturaleza, no creada hasta el crimen de vuestra rebelión? ¿Cómo habéis infundido vuestra malicia en miles, una vez rectos y fieles, ahora probados falsos…? El cielo os arroja fuera.

Los guerreros comienzan a rodearse lentamente unos a otros, levantándose, alzándose en el aire para acertar el último golpe.

Dejaron de hablar y ambos se dirigieron a la abominable pelea… como los dioses que parecían, se pusieron de pie o se movieron, en estatura, movimiento, armas, listos para decidir el imperio del gran Cielo.
Ahora blandieron sus ardientes espadas, y en el aire hicieron horrendos círculos; dos amplios soles encendieron en llamas sus escudos frente a frente, mientras Expectación se paró horrorizada… apuntaron un golpe que determinaría y no era necesario repetir…
…Pero la espada de Miguel de la armería de Dios fue dada a él matizada para que ninguna otra penetrante o sólida pudiera resistir

aquel filo: se encontró con la espada de Satanás, descendiendo con abrupta fuerza para
causar gran daño, y en depurado corte; tampoco quieta, pero, con un rápido revés de la
rueda, entrada profunda, trasquilaba todo su
costado derecho. Entonces Satanás conoció
el dolor por primera vez.

Así Cómodo fue tirado al suelo en la arena; así
Darth Vader fue arrojado dando vueltas al espacio; así
la trinidad hizo fracasar el primer asalto de Magua y
este huyó a la tierra salvaje. Así en épocas mucho, mucho antes de Frodo y la comarca, Isildur cortó el anillo
de la mano de Sauron y el villano fue derrotado, desa-
pareciendo por siglos hasta que pudiera recuperar su
fuerza una vez más.

A causa de la multitud de tus contrataciones
fuiste lleno de iniquidad, y pecaste; por lo
que yo te eché del monte de Dios, y te arrojé
de entre las piedras del fuego, oh querubín
protector. (Ezequiel 28.16)

Así entró la maldad a la Historia.
Me quedo pasmado ante la ingenuidad con la que
vive la mayoría de las personas con respecto al mal.
No lo toman en serio. No viven como si la Historia

tuviera un Villano. No el diablo pavoneándose en medias rojas, llevando un tridente en las manos, sino la encarnación del peor de todos los enemigos que hayas conocido en cualquier otra historia. Señor amado… el Holocausto, la prostitución infantil, los bombardeos terroristas, los gobiernos genocidas. ¿Qué se necesitará para que tomemos la maldad en serio?

La vida es muy confusa si no consideras que hay un Villano. Que tú, mi amigo, tienes un Enemigo.

> Una de las cosas que me sorprendió cuando leí seriamente por primera vez el Nuevo Testamento fue que hablara tanto sobre el Poder Oscuro en el universo; un poderoso espíritu maligno que fue escogido para ser el Poder detrás de la muerte, la enfermedad y el pecado. El cristianismo piensa que este Poder Oscuro fue creado por Dios, y que era bueno cuando fue creado, y se volvió malo. El cristianismo está de acuerdo… este es un universo en guerra. (C. S. Lewis, *Mere Christianity* [Cristianismo y nada más])

Satanás mantuvo su rebelión a través del poder de una idea: Dios nos está ocultando algo. Luego de que su insurrección fuera doblegada, y fueran arrojados desde las altas paredes del cielo, esa pregunta permanece como el humo de un incendio forestal: ¿Es Dios realmente bueno? ¿Está ocultándonos algo?

Sí, Dios y sus ángeles ganaron. Por medio de la fuerza de las armas. Pero el poder no es lo mismo que Bondad. Cualquiera que haya conocido a uno de esos chicos bravucones en la escuela sabe esto. Solo porque seas más fuerte no significa que pueda confiarse en ti. Al final del Segundo Acto, la maldad ha entrado en la historia de una forma espantosa, y el corazón mismo de Dios ha sido puesto en tela de juicio.

Ya está listo el escenario para el Tercer Acto.

Tercer Acto

LA BATALLA POR EL CORAZÓN

Cuando Dios comenzó a crear los cielos
y la tierra...
—GÉNESIS 1.1 (MODIFICADO)

l Tercer Acto comienza en oscuridad.

La oscuridad sobre el abismo y el Espíritu de
Dios se movía sobre las aguas.
—Génesis 1.2 (modificado)

Como el silencio en la oscuridad antes de las primeras
notas de un concierto o una sinfonía. O tal vez como la
oscuridad de tu habitación en horas muy tempranas, justo
antes de que abras los ojos, justo antes de que alguien abra
las cortinas a un nuevo día. Y no sencillamente de un día
cualquiera. El primer día de vacaciones.

«¡Sshhh!», dijo el taxista. Todos escuchaban.

Finalmente algo estaba ocurriendo en la oscuridad. Una voz había comenzado a cantar. Se oía muy a lo lejos y a Digory se le hacía difícil decidir desde qué dirección venía. A veces parecía que venía de todas direcciones al mismo tiempo. En ocasiones casi pensó que provenía de la tierra debajo de ellos… Pero era, más allá de toda comparación, el sonido más hermoso que jamás hubiera escuchado. Era tan bello que casi no podía soportarlo.

Entonces las dos maravillas ocurrieron al mismo momento. Una fue aquella voz a la que de repente se unieron otras voces; más voces de las que pudiera contar. El tono era alto en la escala: voces frías, vibrantes, resonantes. La segunda maravilla fue que, al momento, la oscuridad en lo alto estaba resplandeciendo con estrellas. No fueron apareciendo con delicadeza, una a una, como ocurre en una noche de verano. En un momento no había habido nada sino oscuridad; al momento siguiente miles y miles de puntos de luz salieron de su escondite: estrellas, constelaciones y planetas, más grandes y brillantes que ninguna otra cosa en nuestro mundo. No había nubes. Las nuevas estrellas y las nuevas voces comenzaron exactamente al mismo tiempo. Si lo hubieras escuchado, como lo hizo Digory, te habrías sentido casi seguro de que eran las estrellas mismas las que cantaban, y que fue la Primera Voz, la profunda, la que las hizo aparecer y las hizo cantar.

«¡Alabado sea!», dijo el taxista. «Habría sido un mejor hombre toda mi vida si hubiera sabido que existían cosas como esta» (C. S. Lewis, *The Magician Nephew* [El sobrino del mago]).

De repente una voz rompe el silencio y se hace la luz.

Otra palabra es pronunciada y el gran toldo de los cielos es desplegado, un cielo más azul del que hayas visto jamás; sin embargo, traslúcido cuando está oscuro para revelar las estrellas que se ocultan más allá.

Y otra palabra, y los mares se retiran para revelar la vasta tierra firme.

Otra vez una palabra, y mangos cargan las ramas de sus árboles, las zarzamoras brotan como estallidos en los arbustos, las uvas se escurren de la vid, campos de girasoles se ponen de pie, sus felices rostros encarando al nuevo sol. Y el sol... una bola de fuego que gira balanceada en los cielos lo suficientemente cerca para calentar la nueva tierra, pero no demasiado cerca para hacernos daño.

El león caminaba de un lado para otro... y mientras caminaba y cantaba el valle fue llenándose del verdor de la hierba. Se extendía desde el león como una piscina. Trepaba por las faldas de las pequeñas colinas como una ola. En unos pocos minutos subía por las laderas más bajas de las distantes montañas, haciendo que aquel joven mundo se suavizara a cada momento. Ahora podía oírse el suave viento desgreñando la hierba. Pronto hubo otras cosas aparte de la hierba. Las altas laderas se oscurecieron con brezo. Parches de un verde más agreste e intenso apareció en el valle. Digory no sabía qué eran hasta que uno comenzó a acercarse bastante a él. Era una cosita pequeña y puntiaguda de la que salían docenas de brazos, y tenía esos brazos cubiertos con verde, y crecía más y más a un ritmo de cerca de una pulgada cada dos segundos. Había docenas de estas cosas a su alrededor. Cuando fueron casi tan altas como él, pudo ver lo que eran. «¡Árboles!», exclamó. (*El sobrino del mago*)

Si aprendiste sobre el Edén en la Escuela Domini-
cal, con afiches y franela, te perdiste algo. Imagina las
escenas más preciosas que jamás hayas conocido en
esta tierra: bosques pluviales, la pradera totalmente
florecida, nubes de tormenta sobre la sabana africana,
los Alpes bajo la nieve de invierno. Ahora imagina
todo el día en que nació.

Es la Comarca de Tolkien en su candor, las Cata-
ratas de Iguazú en el jardín de *La Misión*, la escena
inicial del *Rey León*.

Y no termina allí.

Dios abre su mano en este mundo y nacen a bor-
botones los animales. Millones de pájaros, en toda
forma, tamaño y canción, comienzan a volar: halco-
nes, garzas, golondrinas. Todas las criaturas del mar
saltaron en él: ballenas, delfines, peces de miles de colores y formas. Retumbando a través de las llanuras,
llegaron inmensas manadas de caballos, gacelas, búfa-
los, corriendo como el viento. Es más maravilloso de
lo que pudiéramos imaginar. No es de extrañarse que
«[alabaran] todas las estrellas del alba, y se [regocija-
ran] todos los hijos de Dios» (Job 38.7). ¡Un gran
«¡hurra!» asciende desde los cielos!

Nos hemos vuelto insensibles hacia este mundo en
el que vivimos; hemos olvidado que no es *normal* ni
científico en ningún sentido de la palabra. Es fantástico. Es un cuento de hadas de principio a fin. ¿De

verdad? ¿Elefantes? ¿Orugas? ¿Nieve? ¿En qué momento dejaste de maravillarte con todo esto?

Aún así, de vez en cuando llega algo, nos estremece y nos saca de nuestro atontamiento y conformidad.

Damos vuelta en una esquina y allí frente a nosotros encontramos un grillo, un pavo real o un ciervo con unos cuernos casi tan grandes como él. Quizás nos topamos con una cascada, las nubes han formado un arco iris circular alrededor del sol o un ratón corre a toda prisa por el mostrador, se detiene por un momento para crispar los pelos de su bigote mientras nos mira, y desaparece dentro de la alacena. Y por un instante nos damos cuenta de que nacimos en un mundo tan maravilloso como cualquier cuento de hadas.

Un mundo hecho para el romance.

ROMANCE

La creación se desdobla como una maravillosa pieza de arte, una obra maestra en proceso. Y de la misma manera en que puedes conocer a un autor por las historias que cuenta, puedes descubrir muchísimo sobre un artista a partir de las obras que crea. Sin duda verás que Dios es más creativo de lo que podemos imaginar, y romántico hasta la médula. Los enamorados y los recién casados escogen lugares como Hawai, las Bahamas o Toscana como un telón de fondo para su amor. ¿Pero de quién fue idea Hawai, las Bahamas o Toscana?

Traigamos esto un poco más cerca de casa. ¿De quién fue la idea de crear la forma humana de tal manera que un beso pudiera ser tan delicioso? Y él no se detuvo allí, como bien saben solo los enamorados.

Nota cómo la creación se desarrolla y se encamina hacia un clímax.

Comienza con una piedra bruta o una masa de barro o un dibujo sin detalles, «desordenada y vacía» como dice en Génesis 1.2. Luego comienza a tomar forma: luz y tinieblas, cielos y tierra, mar y tierra. Trazos grandes y rápidos en gran escala. Luego vienen los bosques y los prados. Los tulipanes y los pinos y las piedras cubiertas de musgo. Color, detalle, líneas más finas. Luego sigue el reino animal en su gran diversidad. Camellos, pingüinos, tu gato. La creación está creciendo en precisión y complejidad de forma, movimiento y color. La personalidad está entretejida en todo esto. Y está llegando a un *crescendo*.

Entonces ocurre algo verdaderamente asombroso.

Entonces dijo Dios: Hagamos al hombre a nuestra imagen, conforme a nuestra semejanza; y señoree en los peces del mar, en las aves de los cielos, en las bestias, en toda la tierra, y en todo animal que se arrastra sobre

> la tierra. Y creó Dios al hombre a su imagen,
> a imagen de Dios lo creó; varón y hembra los
> creó. (Génesis 1.26-27)

Toma la mejor escena romántica que jamás hayas visto, sácala de su tiempo y espacio, y tienes algo del Edén. Recuerda en *Corazón valiente*, al robusto William Wallace y a la hermosa Murron, cabalgando en la noche por las tierras altas escocesas, vadeando los riachuelos, sentándose a conversar como si fuera la primera vez.

Imagina a los amantes en la proa del *Titanic*, Jack y Rose cortando el mar color esmeralda, vestidos en los colores de un atardecer y su primer beso. Piensa en *El señor de los anillos*, en el jardín de Rivendell, donde Lady Arwen y el gran guerrero Aragorn se van furtivamente hacia el puente al lado de la cascada, a la luz de la luna, para también compartir un beso.

Somos perseguidos por el Edén. Siempre encuentra la forma de filtrarse en casi toda historia.

Imagina, si puedes, que nunca antes has visto este precioso planeta y que te han dejado caer, de repente, en el bosque más frondoso de la tierra. Los monos aulladores se escuchan en los árboles. Un camaleón corre aprisa por el tronco del árbol que tienes en frente. Los tucanes llamándose el uno al otro en los árboles de arriba. Ahí va un jaguar. De repente, a a través de los helechos, ves algo caminando por la verde orilla de un arroyo. Sus ojos brillan con inteligencia y curiosidad, su cuerpo no se parece a nada que hayas visto antes. Está cantando.

¿Qué pensarías si vieras el cuerpo desnudo de un hombre o una mujer por primera vez? Todas esas mitologías sobre dioses y diosas no están muy lejos de la verdad.

> El cuerpo de mi esposa es más resplandeciente y fascinante que una flor, más esquivo que cualquier animal, y más sobrecogedor que mil atardeceres. Para mí, su cuerpo es lo más maravilloso en la creación. Mientras trato de mirarla, solo tratando de asimilar su belleza indomable y gloriosa… puedo echar un vistazo a lo que significa que el hombre y la mujer fueron creados a imagen de Dios. (Mike Mason, *The Mystery of Marriage* [El misterio del matrimonio])

Anteriormente en la Historia, de vuelta al principio de nuestro tiempo en la tierra, una gran gloria nos fue conferida. Todos nosotros —hombres y mujeres— fuimos creados a imagen de Dios. Hechos en temor y maravillosamente, como dice el refrán. Iconos vivientes del Dios viviente. Aquellos que alguna vez estuvieron

parados ante *él* cayeron de rodillas sin siquiera pensarlo,
de la misma forma en que te quedas sin aliento ante el
Gran Cañón, un amanecer, los acantilados a las orillas
del mar. Esa gloria fue compartida con nosotros; éramos, según la frase de Chesterton, «monumentos de
Dios paseando por el Huerto», dotados con fuerza y belleza propia. Todo lo que siempre deseaste que pudieras
ser, eso eras… y mucho más. Éramos gloriosos.

> Cuando veo tus cielos, obra de tus
>   dedos,
> La luna y las estrellas que tú formaste,
> Digo: ¿Qué es el hombre, para que
>   tengas de él memoria,
> Y el hijo del hombre, para que lo
>   visites?
> Le has hecho poco menor que los
>   ángeles,
> Y lo coronaste de gloria y de honra.
> (Salmo 8.3–5)

Supongo que hemos oído bastante sobre el pecado
original, pero ni siquiera cerca de lo suficiente sobre la
gloria original, la que viene *antes* del pecado y que está
más arraigada a nuestra naturaleza. Fuimos corona-
dos de gloria y de honra. ¿Por qué la mujer anhela ser
bella? ¿Por qué el hombre desea que lo reconozcan

como valiente? Porque recordamos, aunque solo vagamente, que una vez éramos más de lo que somos ahora.

Dios nos crea a su imagen, con poderes como los de él: la habilidad para razonar, para crear, para compartir intimidad, para conocer la alegría.

Él nos da la risa, el asombro y la imaginación. Y por encima de todo, nos dota con esa cualidad única por la que más se le conoce.

LA MAYOR DIGNIDAD DE TODAS

Él nos faculta para amar.

Él nos da el mayor tesoro en toda la creación: un corazón. Porque él tiene la intención de que seamos sus aliados íntimos, para tomar prestada la frase de Dan Allender, quienes se unen en el Sagrado Círculo de intimidad que es la base del universo, quienes comparten en este gran Romance.

De la misma manera en que hemos perdido nuestro asombro ante el mundo que nos rodea, hemos perdido nuestra habilidad para ver el gran tesoro que es el corazón humano. Toda la felicidad que hemos conocido alguna vez y toda la felicidad que anhelamos encontrar es inalcanzable sin un corazón. No podrías vivir o amar o reír o llorar si Dios no te hubiera dado un corazón.

Y con ese corazón viene algo que sencillamente me deja perplejo.

Dios nos da la libertad para rechazarlo.

Nos da a cada uno de nosotros una voluntad propia.

Santo cielo, *¿por qué?* Él sabe lo que las criaturas con libre albedrío pueden hacer. Él ya sufrió una traición masiva en la rebelión de los ángeles. Él sabe cómo vamos a usar nuestra libertad. Conoce qué miseria y sufrimiento, qué infiernos serán desatados en la tierra debido a nuestras decisiones. *¿Por qué?* ¿Acaso está loco?

La respuesta es tan simple y asombrosa como esta: si quieres un mundo en el que el amor sea real, debes permitirle a cada persona la libertad de escoger.

El poder puede hacer todo menos la cosa más importante: no puede controlar el amor... En un campo de concentración, los guardias poseen un poder casi ilimitado. A través del uso de la fuerza pueden hacerte renunciar a tu Dios, maldecir a tu familia, trabajar sin salario, comer excremento humano, matar y luego enterrar a tu mejor amigo o hasta a tu propia madre. Todo está al alcance de su poder. Solo hay una cosa que no lo está: no pueden forzarte a que los quieras. Este hecho puede ayudar a explicar porqué Dios a veces parece algo tímido cuando se trata de usar su poder. Él nos creó para amarle, pero su despliegue más impresionante de milagro —del tipo que tal vez anhelemos secretamente— no hace nada para fomentar ese amor. Como lo expresó Douglas John Hall: «El problema de Dios no es que Dios no sea capaz de hacer ciertas cosas. El problema de Dios es que Dios ama. El amor complica la vida de Dios tanto como complica toda vida». (Philip Yancey, *¿Desilusionado con Dios?*)

Cualquier padre o enamorado sabe esto: el amor es escogido. No puedes, a fin de cuentas, forzar a nadie a que te ame.

Así que si estás escribiendo una historia en la que amor es el propósito, donde el amor es lo más alto y mejor de todo, donde el amor es el *punto importante*, entonces tienes que permitirle a cada persona una elección. Tienes que permitir la libertad. No puedes forzar el amor. Dios nos da la dignidad de la libertad, para escogerlo o rechazarlo (y mis amigos, pasarlo por alto es elegir en contra de él).

Esta es la razón a la que Lewis llama el Problema del Dolor. ¿Por qué un Dios tierno y amoroso crearía un mundo donde es posible la maldad? ¿No se preocupa él

por nuestra felicidad? ¿Acaso no es bueno? Ciertamente
lo hace y lo es. Él se preocupa tanto por nuestra felicidad
que nos dota con la capacidad de amar y ser amados, que
es la mayor felicidad de todas.

Dios nos dota con una dignidad que es casi inima-
ginable.

Pues este Dios creador no es un titiritero.

> Lo llamaré la Doctrina de la Felicidad
> Condicional… En los cuentos de hadas la
> expresión es siempre: «Puedes vivir en un
> palacio de oro y zafiro si no dices la palabra
> "vaca"». O: «puedes vivir feliz para siempre
> con la hija del rey si no le muestras una cebo-
> lla». La visión siempre está suspendida de un
> veto. Todas las cosas colosales concedidas
> dependen de un pequeño objeto que es rete-
> nido. Todo lo audaz y vertiginoso que se
> libera depende de una cosa que es prohibi-
> da… En el cuento de hadas una felicidad
> incomprensible descansa sobre una condi-
> ción incomprensible. Una caja es abierta y
> todos los demonios salen volando. Una pa-
> labra es olvidada y perecen ciudades. Una
> lámpara es encendida y el amor se aleja. Una
> flor es arrancada y vidas humanas se pierden.
> Una manzana es comida y la esperanza de

Dios desaparece. (G. K. Chesterton, *Orthodoxy* [Ortodoxia])

«Confíen en mí en esto», nos dice Dios. «Les he dado toda la tierra para su disfrute. Explórenla, despiértenla y cuídenla por mí. Y les he dado el uno al otro, para el amor, el romance y la amistad. Ustedes serán mis aliados íntimos. Pero en este asunto, deben confiar en mí. Confíen en que mi corazón hacia ustedes es bueno, que estoy reteniendo esto por una razón. No coman del árbol de la ciencia del bien y del mal… o morirán».

Y es aquí donde nuestra Historia da un giro trágico.

PARAÍSO PERDIDO

Pero la serpiente era astuta, más que todos los animales del campo que Jehová Dios había hecho; la cual dijo a la mujer: ¿Conque Dios os ha dicho: No comáis de todo árbol del huerto? Y la mujer respondió a la serpiente: Del fruto de los árboles del huerto podemos comer; pero del fruto del árbol que está en medio del huerto dijo Dios: No comeréis de él, ni le tocaréis, para que no muráis. Entonces la serpiente dijo a la mujer: No moriréis; sino que sabe Dios que el día que comáis de él, serán abiertos vuestros ojos, y seréis como Dios, sabiendo el bien y el mal. Y vio la mujer que el árbol era bueno para comer, y que era agradable a los ojos, y árbol codiciable para alcanzar la sabiduría; y tomó de su fruto, y comió; y dio también a su marido, el cual comió así como ella. (Génesis 3.1-6)

La maldad estaba al acecho en aquel Huerto. El ángel poderoso también había sido glorioso en algún momento, más glorioso que nosotros. Él era, si lo recuerdas, el comandante de los ejércitos de Dios, hermoso y poderoso más allá de toda comparación. Pero se rebeló contra su Creador, dirigió una gran batalla contra la fuerza de los cielos, y fue arrojado fuera. Desterrado pero no destruido, esperaba en las sombras por una oportunidad para vengarse.

Debes entender esto: el Malo odia a Dios, odia todo lo que le recuerde la gloria de Dios... dondequiera que exista. Incapaz de destronar al poderoso, él volvió sus ojos sobre aquellos que llevaban su imagen.

Satanás entró al Huerto y le susurró a Adán y a Eva; y en ellos, a todos nosotros: «No pueden confiar en el corazón de Dios... él les está negando algo...

tienen que tomar las cosas bajo el control de ustedes».
Él sembró la semilla de la desconfianza en nuestros
corazones; nos tentó a aferrarnos al control.

Y a propósito, es la misma mentira que está usan-
do hoy día en tu vida: «Confiar en Dios es demasiado
arriesgado. Eres demasiado vulnerable. Reescribe la
Historia. Concédete un mejor papel. Planifica para tu
propia felicidad. No le prestes atención a él».

El Malo nos mintió sobre dónde se encontraba la
verdadera vida… y le creímos.

Dios nos dio el maravilloso mundo como nuestro patio de recreo, y nos dijo que lo disfrutáramos
completa y libremente. Sin embargo, a pesar de su
extravagante generosidad, teníamos que alcanzar la
única cosa prohibida.

Y en aquel instante algo *cambió* en nuestros corazones. Alcanzamos, y en ese alcanzar caímos de la gracia.

Así que Helena traicionó a Menelao y a su Grecia
natal, y huyó a Troya con su amante. Así que Edmundo traicionó a sus hermanos y hermanas, y a toda
Narnia, y se unió a la Bruja Blanca. Así que Cifer traicionó a Neo y a Morfeo por lo último del mundo
libre. Así que Cora cayó en manos de Magua. Así que
Boromir traicionó la comunidad. Así que el *Titanic*
chocó contra el témpano de hielo.

Nuestra gloria se desvaneció, y como dijo Milton,
«se desvaneció demasiado pronto».

Algo salió mal con la raza humana y lo sabemos.
Mejor dicho, algo ha salido mal *dentro* de la humanidad. No se necesita un teólogo ni un sicólogo para que
te lo diga. Lee el periódico. Pasa un fin de semana con
tu familia. Presta atención a los movimientos de tu
propio corazón en solo un día. La mayoría de la des-
gracia que sufrimos en este planeta es el fruto de un
corazón dañado. Este glorioso tesoro ha sido man-
chado, arruinado, infectado. El pecado entra en la
historia y se disemina como un virus de computadora.

Para el sexto capítulo de Génesis, nuestro descen-
so había llegado al punto en el que Dios mismo ya no
podía resistirlo más.

> Y vio Jehová que la maldad de los hombres
> era mucha en la tierra, y que todo designio
> de los pensamientos del corazón de ellos era
> de continuo solamente el mal. Y se arrepin-
> tió Jehová de haber hecho hombre en la
> tierra, y le dolió en su corazón.
> (Génesis 6.5-6)

Cualquier persona sincera sabe esto. Sabemos que
no somos lo que se supone que hubiéramos sido.

Si dejáramos de echar la culpa por solo un momento, si dejáramos de achacar la responsabilidad a
otra persona o política o raza, entonces haríamos un

puro y franco análisis de nosotros mismos, bien hecho. La mayoría de nosotros se retorcerá, se esquivará
y admitirá que tal vez somos algo insuficientes. Si somos realmente sinceros, confesaremos que dentro de
nosotros tenemos lo necesario para ser la Bestia, la
hermanastra malvada, el villano. La mayoría de las re-
ligiones del mundo concuerda en esto.

No se trata solo de la maldad obvia como el asesinato, el racismo y la traición. Cada uno de nosotros
está lleno de temores, y sospechas, y celos sin razón.
Somos, sobre todas las cosas, egoístas, justo lo opues-
to a como vive la Trinidad. ¿Has amado a Dios con
todo tu corazón, alma, mente y fuerza? ¿Has amado a
tu prójimo como a ti mismo?

Tampoco yo.

Todos hemos fallado en la virtud más esencial de
todas, la virtud del Edén: fracasamos cuando se trata
de amar.

Douglas Coupland escribió en *Life after God* [La
vida después de Dios]:

> Ahora bien, este es mi secreto:
> Se lo digo con una sinceridad de corazón
> que dudo que pueda volver a alcanzar, así
> que oro por que usted esté en un cuarto en
> silencio al escuchar estas palabras. Mi secre-
> to es que necesito a Dios, que estoy enfermo,

que ya no puedo lograrlo por mí mismo. Necesito a Dios para que me ayude a dar, porque parece que ya no soy capaz de dar; para que me ayude a ser bondadoso, porque parece que ya no soy capaz de tener bondad; que me ayude a amar, porque parece que ya no tengo la capacidad para hacerlo.

Algo salió mal. Esto sí lo sabemos. Sin importar qué más sepamos, cualesquiera sean nuestras convicciones, sabemos que algo ha salido terriblemente mal con el mundo, con nosotros, con la vida.

¿Acaso te has preguntado alguna vez, aunque sea por un momento, por qué la vida ni siquiera se acerca a los deseos que están escritos en tu corazón? ¿Dónde están la belleza, la intimidad y la aventura? ¿Por qué no podemos hacer que duren las cosas? El poeta George Herbert declaró: «Lloré cuando nací y cada día me muestra el porqué». Querido Dios, ¿qué ha pasado con nuestro mundo?

> Las cosas se deshacen; el centro no
>   puede aguantar;
> Una anarquía, sencillamente, arropa al
>   mundo;
> La marea oscurecida de sangre anda
>   suelta, y dondequiera

> La ceremonia de la inocencia es
> ahogada.
> (W. B. Yeats, «The Second Coming»
> [La Segunda Venida])

CAUTIVERIO Y RESCATE

El barco se ha hundido. Coruscant[1] ha caído ante el Imperio. Roma está en llamas. El invierno ha llegado a Narnia. Hay algo corrupto en el estado de Dinamarca. Longshanks ha esclavizado a Escocia. Cómodo ha cometido asesinato y Roma ha caído bajo el gobierno de su más perverso emperador.

Es a partir de aquí que la mayoría de las historias desarrollan su trama: El reino ha sido derrocado. El paraíso se ha perdido. La maldad domina, o se reúne a las afueras de la tierra, lista para hacer su final movimiento. Frodo apenas logra salir de la comarca con su vida y la sortija del poder. Los Nueve Caballeros Negros cruzan el Brandywine en la víspera del solsticio de verano y son perseguidos por un pequeño *hobbit* con intenciones fatales. El futuro de la Tierra-media descansa en el filo de un cuchillo.

---

1. Nota del traductor: La capital gubernamental de la galaxia planetaria en la película *Viaje a las Estrellas*.

En la primera de otra trilogía, Neo es desperta-
do de la muerte-sueño del Matrix para descubrir
que el mundo que él pensó que era real es realmente
un enorme engaño lanzado sobre la raza humana
para mantenerlos prisioneros. Se da cuenta de que
ha vivido una mentira toda su vida, que de hecho,
no es libre sino esclavo de un gran poder superior.
O como dice en las Escrituras: «Sabemos que somos
de Dios, y el mundo entero está bajo el maligno»
(1 Juan 5.19).

Darth Vader apenas tiene el universo bajo su control cuando un par de *droids* caen en manos de Luke
Skywalker. Luke no tiene idea de lo que está pasando,
de las maravillosas obras que han sido hechas en su favor, o lo que se le exigirá en la batalla por venir.
Sentado en una choza de piedra arenisca junto al viejo
Ben Kenobi —él no sabe que este es el gran Jedi
Obi-Wan Kenobi— Luke descubre el mensaje secreto de la princesa: «Esta es nuestra hora de mayor
desesperación. Ayúdame, Obi-Wan Kenobi. Eres mi
única esperanza». También se han enviado mensajes
desde la enorme embarcación destruida por un témpano de hielo. El *Titanic* se está hundiendo y no todo
el mundo va a salir con vida.

Pero espera un momento.

Considera esto también: toda gran historia también tiene un rescate.

Jack llegará a salvar a Rose. William Wallace emergerá para rescatar a Escocia. Luke Skywalker rescatará a la princesa y luego a los pueblos libres del universo. El papá de Nemo lo rescata. Natanael rescata a la bella Cora, no una vez, sino dos. Neo desarticula el poder del Matrix y libera al mundo cautivo. Aslan viene a rescatar a Narnia. Y pudiera mencionar mil ejemplos más. ¿Por qué toda gran historia tiene un rescate?

Porque la tuya lo tiene.

El día en que Adán y Eva cayeron de la gracia, huyeron y se escondieron en los arbustos. Y Dios vino buscándolos. Él llamó a Adán diciendo: «¿Dónde estás tú?» (Génesis 3.9). De esta manera comenzó la larga y dolorosa historia de la búsqueda divina por la humanidad. Aunque le traicionamos y caímos en las manos del Maligno, Dios no nos abandonó. Aun una rápida lectura del Antiguo Testamento sería suficiente para convencerte que el *rescate* es el plan de Dios. Primero con Noé, luego con Abraham, y luego con la nación de Israel, vemos a Dios buscando a un pueblo que se vuelva a él de corazón, que sea una vez más su aliado íntimo.

El dramático arquetipo es el Éxodo, donde Dios va a la guerra contra los tiranos egipcios para libertar a su pueblo cautivo.

Por cuatrocientos años el pueblo ha languidecido en una vida de desesperanza. De repente... sangre.

Granizo. Langostas. Oscuridad. Muerte. Una plaga
tras otra desciende sobre Egipto como golpes de alguna hacha implacable. El faraón desempuña su yugo,
pero solo por un momento. Los esclavos en fuga están
atrapados ante el Mar Rojo, cuando Egipto hace una
última movida, yendo tras ellos en sus carruajes. Dios
ahoga a aquellos soldados en el mar, hasta no dejar a
ninguno con vida. Parados con asombro y alegría en
la orilla opuesta, los hebreos proclaman: «Jehová es
varón de guerra» (Éxodo 15.3). Dios es un guerrero.
Ha venido a rescatarnos.

Y apenas un día más tarde, se están quejando.

No les gusta la comida; no les gusta el agua. La
jornada de la libertad es demasiado difícil. Quieren
regresar a Egipto.

Rescatar el corazón humano es la misión más difícil del mundo.

El dilema de la Historia es este: no sabemos si *queremos* ser rescatados. Estamos tan enamorados de
nuestras pequeñas historias y nuestros falsos dioses,
estamos tan esclavizados en nuestras adicciones,
nuestro egocentrismo y nuestra incredulidad del tipo
darlo-todo-por-sentado que ni siquiera sabemos
cómo pedir ayuda. Y el Maligno no tiene ninguna intención de liberar a sus cautivos sin que antes paguen
el precio. Él nos seduce, nos engaña, nos asalta... lo
que sea necesario para mantenernos en la oscuridad.

Cuando lees a los profetas del Antiguo Testamento, como dijo Yancey, logras echarle un vistazo a qué se siente ser Dios.

> Anhelo mostrarte mi gracia. Eres precioso y tienes honra ante mis ojos porque te amo. Pero eres la descendencia de adúlteros. Has hecho tu cama en una colina elevada, dándome la espalda, desarropaste tu cama, te subiste a ella y la abriste de par en par. Has sido un hipócrita conmigo. (De Isaías)

> Recuerdo la devoción de tu juventud, me amaste como una novia ... ¿Qué falta encontraste en mí que te hizo alejarte de tal manera? Eres una camella corriendo de aquí para allá, oliendo el viento en su urgencia; ¿quién puede reprimirla en su ardor? ¿Acaso no debo castigarlos por esto? ¿No debo tomar venganza? Te he amado con un amor eterno; te he atraído con amorosa bondad. ¿Qué he hecho para provocar que me odies tanto? (De Jeremías)

> Te responderé de acuerdo a tus ídolos [tus falsos amantes] para así recuperar tu corazón. (De Ezequiel)

Dios está lleno de los celos de un amante herido.
Él ha sido traicionado una y otra vez.

Como una mujer atada a una aventura amorosa de
la que no puede liberarse, como un hombre tan corrupto que ya no sabe ni su propio nombre, la raza
humana está cautiva en la peor forma posible: somos
cautivos del corazón.

> Siempre andan vagando en su corazón.
> (Hebreos 3.10)

El reto que Dios enfrenta es rescatar a un pueblo que
ni siquiera tiene una idea de lo cautivo que está; no tiene
una idea real de cuán desesperado está. Sabemos que
anhelamos el Edén, pero vacilamos en entregarnos otra
vez a Dios con fervorosa confianza. Estamos cautivos
por las mentiras de nuestro Enemigo.

Pero Dios tiene algo escondido debajo de su manga.

HÉROE Y ENAMORADO

Imagínate que había un rey que amaba a una
humilde sirvienta. Este rey era como ningún
otro. Todo hombre de estado temblaba ante
su poder. Nadie se atrevía siquiera a respirar
una palabra en su contra, porque él tenía el
poder para aplastar a todos sus oponentes. Y

sin embargo, este poderoso rey estaba derretido de amor por una humilde sirvienta. ¿Cómo podría declararle su amor por ella? De un modo peculiar, su realeza le ataba las manos. Si la llevaba al palacio y coronaba su cabeza con joyas y vestía su cuerpo con vestimentas reales, seguramente ella no se resistiría... nadie se atrevía a resistírsele. ¿Pero lo amaría?

Ella diría que lo amaba, claro está, pero ¿realmente lo haría? ¿Sería ella feliz a su lado? ¿Cómo podía *saberlo*? Si cabalgaba hasta su cabaña en el bosque en su carruaje real, con una escolta armada ondulando banderines brillantes, eso también la maravillaría. Él no quería un súbdito. Él anhelaba una enamorada. (Søren Kierkegaard, *The King and the Maiden* [El rey y la sirvienta])

Él quería una enamorada. Así que el poderoso rey se disfrazó de mendigo y fue solo hasta la puerta de la casa de la sirvienta en el bosque para ganar el corazón de ella.

Esta es una parábola de la venida de Jesús de Nazaret.

Dios mismo —el Rey de toda la creación— se viste de humanidad y entra en nuestra Historia como uno de nosotros. Él deja a un lado su gloria, se viste a sí mismo con humildad y entra a hurtadillas al campo

enemigo, bajo el velo de la noche, para susurrar palabras de amor a los suyos: «He venido por ti». Esto es,
después de todo, una historia de amor. «Hemos nacido en amor, por amor y para amar», como ha dicho
Gerald May. Vinimos de la risa de la Trinidad y a la
risa de la Trinidad debemos regresar.

> Como el Padre me ha amado, así también yo
> os he amado; permaneced en mi amor. (Juan
> 15.9)

Dios nos creó en libertad para ser sus aliados íntimos
y él no se dará por vencido con nosotros. Todavía él bus-
ca a sus aliados. No religión. No gente que cumpla bien
su función en la iglesia. Enamorados. Aliados. Amigos
en el sentido más profundo.

> Y les daré corazón para que me conozcan
> que yo soy Jehová; y me serán por pueblo, y
> yo les seré a ellos por Dios; porque se volve-
> rán a mí de todo su corazón. (Jeremías 24.7)

Es la más hermosa de todas las historias de amor.
Por otra parte, el relato de Kierkegaard no recoge
el precio que el Rey tendrá que pagar por el rescate de
su Amada.
Él tendrá que morir para rescatarte.

¿Has notado que, con frecuencia, en las grandes historias el héroe muere para ganar la libertad de su amada?

William Wallace será torturado lenta y brutalmente porque se atrevió a llevarle la contra al rey malvado. Él es ejecutado (sobre una cruz) y, sin embargo, su muerte rompe el yugo que la oscuridad ha mantenido sobre Escocia. Neo es el Escogido, más rápido y más audaz que cualquier otro antes que él. Aún así, es muerto con un disparo a quemarropa en el pecho. Su muerte y resurrección destruye el poder del Matrix, liberando así a los cautivos.

Aslan muere sobre una mesa de piedra por el traidor Edmundo y por toda Narnia. Máximo muere en la arena para ganar la libertad de sus amigos y de toda Roma. Todos ellos son cuadros de un sacrificio mucho mayor.

El Hijo del Hombre [vino]… para dar su vida en rescate por muchos. (Mateo 20.28)

Recuerda, Dios nos advirtió desde el Huerto que el precio por nuestra desconfianza y desobediencia sería muerte. No solo una muerte física, sino una muerte *espiritual*: ser separados de Dios, la vida, y toda la belleza, intimidad y aventura para siempre. Por un acto de nuestro libre albedrío, nos convertimos en rehenes del Reino de las Tinieblas y la muerte. La única salida es pagar el rescate.

La venida de Jesús de Nazaret fue mucho más parecida a las primeras escenas de la película *Saving Private Ryan* [Al rescate del soldado Ryan]. Una peligrosa misión, una gran invasión, un atrevido asalto en territorio enemigo, para salvar al mundo libre, pero también para salvar a un hombre.

Jesús contó una historia como esa para traer luz sobre su propia venida: «¿Qué os parece? Si un hombre tiene cien ovejas, y se descarría una de ellas, ¿no deja las noventa y nueve y va por los montes a buscar la que se había descarriado?» (Mateo 18.12). En medio de la gran invasión, como la invasión en las playas de Normandía, Dios aún así pone su ojo sobre un alma perdida. Sobre ti.

En términos históricos, Jesús de Nazaret fue traicionado por uno de sus discípulos, entregado a los romanos por los líderes religiosos judíos, y crucificado. Pero había una Historia Mayor desarrollándose en aquella muerte. Él entregó su vida voluntariamente para pagar nuestro rescate del Malvado, para pagar el precio por nuestra traición y para probar de una vez por todas, sin que quede ni sombra de duda, que el corazón de Dios es bueno. Y que tu corazón es importante para él, que le importa más de lo que cualquier lengua pueda expresar.

> El cual nos ha librado de la potestad de las
> tinieblas, y trasladado al reino de su amado

Hijo, en quien tenemos redención por su sangre, el perdón de pecados. (Colosenses 1.13-14)

En este punto la Historia hace otro silencio.

Es el sobrecogedor silencio del público en el Coliseo al final de *El Gladiador*. Máximo, su héroe, acaba de asestar un golpe mortal al Príncipe de la Oscuridad. Cómodo ha sido derribado. Pero es un golpe que le costará la vida a Máximo. La cruel y sanguinaria multitud está por primera vez... en silencio. La gente está enmudecida.

Es el mismo silencio que arropa a la multitud que había estado, solo momentos antes, vociferando por la muerte de Wallace en *Corazón valiente*.

Es el silencio que arropa a la multitud congregada para presenciar la crucifixión de Jesús. Si has visto la película *La Pasión de Cristo* tendrás una idea de lo que quiero decir.

De alguna forma sabemos que algo de inmensa importancia acaba de ocurrir. Quedamos enmudecidos. Entonces se oye una voz. Es el soldado romano que dice:

Verdaderamente este hombre era Hijo de Dios. (Marcos 15.39)

Lo entiende. De repente él entiende la Historia.

Salvados en toda forma posible

Un Héroe y Enamorado entrega su vida para rescatar a su Amada.

Este es el secreto del éxito de *Titanic*, el mayor éxito taquillero en la historia del mundo, y alrededor de todo el mundo.

Es, ante todo, una historia de amor. Jack *persigue* a Rose. La rescata de una vida que está matando el corazón de ella. Una prisionera de un hombre al que no ama en un círculo social comprometido con la hipocresía y la traición. Rose describe al *Titanic* como su «barco de esclavitud». Es una prisionera; desesperada, intenta terminar con su vida.

Cuando Jack llega a rescatarla, es la primera vez que alguien la ha querido por su corazón. Él la libera de la pequeña historia en la que estaba viviendo y la invita a la belleza, la intimidad y la aventura. Jack la lleva a la proa del barco en el atardecer y le pregunta: «¿Confías en mí?»

De igual forma, Dios ha estado galanteándonos toda nuestra vida, llamándonos a salir de nuestras pequeñas historias. Él nos envía belleza y aflicción, como dijo Simone Weil, nos acosa con los recuerdos del Edén, y nos habla a través de cada historia que alguna vez hemos amado, llamando a nuestros corazones: «¿Confías en mí? ¿Me permitirías ir por ti?»

Y entonces, Jack da su vida por Rose.

Los últimos treinta minutos de la película quizás sean una de las escenas de rescate más dramáticas de todos los tiempos. Hundiéndose entre un laberinto de pasillos inundados, luchando contra los escombros de un barco en sus aleteos de muerte, ellos luchan hasta salir de la pesadilla atrapada en la parte inferior del barco hasta el pandemonio que hay arriba. Dondequiera que miran, la tripulación y los pasajeros están desesperados, cayendo, ahogándose. Jack lleva a Rose hasta el punto más alto que puede encontrar, la popa de una embarcación hundiéndose, el último refugio contra las gélidas aguas.

Pero no hay forma de escape a bordo del *Titanic*.

Justo antes de dar la última zambullida en el Atlántico Norte, Jack le dice a Rose: «No sueltes mi mano. Esto se pondrá peor antes de que comience a mejorar. No te sueltes».

Qué horrible, qué evocadoras son las escenas del mar de seres humanos dejados hasta morir congelados en el agua tan fría, como dijo Jack, que te apuñala cada parte del cuerpo como un cuchillo. Todo ha desaparecido… la belleza, el romance, la aventura. El paraíso está perdido. Y lo sabemos. Más que nunca antes, lo sabemos. Como dijo Chesterton, todos de alguna manera sabemos que somos «los sobrevivientes de un naufragio, la tripulación de una embarcación dorada que se hundió antes del principio del mundo». El barco se ha hundido. Estamos perdidos en el mar.

Finalmente es evidente que los dos no pueden compartir el pedacito de escombro flotante que han encontrado, y Jack insiste en que Rose lo use, mientras que él sucumbe lentamente a la hipotermia y la muerte.

Él muere para que ella viva.

Cuando Rose termina de contar su historia, hace una corta pausa. Luego añade un comentario final: «Él me salvó en todas las formas en que una persona puede ser salvada».

La vida, muerte y resurrección de Jesús de Nazaret responden de una vez y por todas la pregunta: «¿Qué es el corazón de Dios para mí?» En el momento de nuestra traición más profunda, cuando nos habíamos alejado tanto de él y nos habíamos perdido de tal forma que no hubiéramos podido nunca encontrar nuestro camino a casa, Dios vino y murió para rescatarnos. Nunca hemos sido amados así. Él ha venido para salvarte en todas las formas en que una persona puede ser salvada. Ese es el corazón de Dios para ti.

Claro está, ese no es el final de la Historia.

Ni siquiera es el final del acto. El Tercer Acto todavía está en escena y estamos atrapados en él. Una historia de amor, justo en el centro de la batalla entre la vida y la muerte. Te diré más sobre esto en un momento.

Pero ahora levantemos nuestros ojos al horizonte y veamos lo que el futuro nos tiene guardado.

¿Tenemos un futuro?

Cuarto Acto

El Reino es restaurado

Porque he aquí ha pasado el invierno,
Se ha mudado, la lluvia se fue;
Se han mostrado las flores en la tierra,
El tiempo de la canción ha venido,
Y en nuestro país se ha oído la voz de la tórtola.
—Cantar de los Cantares 2.11-12

Vivieron felices para siempre.

Detente por solo un momento y permite que sea verdad. *Y vivieron felices para siempre.*

Estas quizás sean las palabras más hermosas y evocadoras en toda la biblioteca de la raza humana. ¿Por qué el final de una gran historia nos deja con un nudo en la garganta y un dolor en el corazón? Si no nos hemos vuelto completamente cínicos, algunos de los mejores finales pueden llevarnos a las lágrimas.

Porque Dios ha sembrado eternidad en nuestros corazones. Cada historia que contamos es un intento por expresar en palabras e imágenes lo que Dios ha escrito ahí en nuestros corazones. Piensa en las historias que amas. Recuerda cómo terminan.

Entonces Aslan se volvió a ellos y dijo: «No te ves tan feliz como he querido que seas».

Lucy contestó: «Tenemos tanto miedo de que nos envíen lejos, Aslan. Y tú nos has devuelto a nuestro mundo con demasiada frecuencia».

«No le temas a eso», dijo Aslan. «¿Acaso no has adivinado?»

Sus corazones dieron un salto y una audaz esperanza surgió dentro de ellos.

«Sí, *hubo* un accidente real en las vías del tren», dijo Aslan suavemente. «Tu padre y madre y todos ustedes están —como solías llamarle, en la Tierra de sombras— muertos. El plazo terminó. Los días festivos han comenzado. El sueño terminó. Esta es la mañana».

Y mientras hablaba ya no se veía ante ellos como un león; pero las cosas que comenzaron a suceder después de eso eran tan maravillosas y hermosas que no puedo escribirlas. Y para nosotros ese es el final de todas las historias, y podemos decir verdaderamente que vivieron felices para siempre. Pero para ellos era apenas el principio de la historia real. Todas sus vidas en este mundo y todas sus aventuras en Narnia fueron solo la cubierta y la portada del libro. Ahora finalmente estaban comenzando el Primer Capítulo de la Gran Historia que nadie en la tierra ha leído; la que ocurre para siempre; en la que cada capítulo es mejor que el anterior. (C. S. Lewis, *The Last Battle* [La Batalla Final])

Si una historia ha sido fiel a la vida en todas sus penas, dureza y anhelos a la vida tal como la conocemos; y si también presenta ese giro al final que sobrepasa toda esperanza, entonces nuestros ojos se llenan de lágrimas y podemos echarle un vistazo a la Alegría… Alegría, como la llama Tolkien, más allá de las paredes de este mundo.

¿Qué tal *si*…?

¿Qué tal si este fuera nuestro final? ¿Cómo sería tener una audaz esperanza que surja desde *tu* interior?

Pienso en el final de la película *Apolo 13*, basada en la historia verídica de la misión a la luna que fracasó haciéndose pedazos, y la batalla contra todas las probabilidades de traer de regreso y seguros a aquellos tres astronautas. Luego de una explosión, la cápsula espacial había sufrido un daño desconocido. Su sistema de orientación podría estar funcionando mal; podrían fallar completamente en su cálculo de ubicación de la tierra. No tienen electricidad; sus paracaídas parecían tres bloques de hielo. El escudo contra el calor que protege a los hombres del infierno de la reentrada podría estar agrietado. ¿Acaso su pequeña arca puede regresarlos a casa?

El mundo se ha reunido frente a los televisores en las casas, oficinas, vitrinas de tiendas y escuelas para ser testigo de uno de los dramas más asombrosos del siglo veinte. Todo contacto por radio se ha perdido durante el «blackout». Mientras tanto, el módulo de comando baja en picada para entrar en la atmósfera terrestre, estremeciéndose violentamente a una velocidad de 35.245 pies por segundo. Es el momento final de su terrible experiencia. El mundo está aguantando la respiración colectivamente, mirando al cielo mientras el anunciador de las noticias hace constar:

> Ninguna nave en proceso de reentrar a la tierra ha tardado más de tres minutos en salir del «blackout». Este es un momento crítico. ¿Podrá soportar el escudo contra el

calor? ¿Sobrevivirá el módulo de comando el
intenso calor de la reentrada? Si no, solo habrá... silencio.

Los hombres en la cubierta del USS *Iwo Jimai*, enviados al Pacífico Sur para encontrarse con la cápsula,
buscan desesperadamente con binoculares en el horizonte. Por fe, se envían helicópteros de la marina para
la misión de recuperación y rescate. En la Estación de
Control en Houston hay un absoluto silencio. Los segundos pasan como si fueran horas mientras continúa
el «blackout». No hay ninguna palabra de los astronautas. Todos los ojos permanecen fijos en el cielo
vacío. El supervisor de vuelo en Houston anuncia al
final del «blackout»:

Ya han pasado tres minutos. Esperando para
la adquisición.

La Estación de Control intenta hacer contacto
con los hombres perdidos.

Odyssey, este es Houston. ¿Me escuchan?

Silencio. Solo se escucha la estática del radio.

Odyssey. Houston. ¿Me escuchan?

Todavía nada. El anunciador admite:

> El tiempo esperado para la reentrada lle-
> gó... y pasó. Todo lo que podemos hacer
> ahora es escuchar y tener esperanza.

Los familiares de los tres hombres están tomados de las manos en silencio. Lágrimas comienzan a correr por sus mejillas. Algunos miran hacia otro lado, como si quisieran evadir lo inevitable. En Houston los hombres bajan sus cabezas; ya hicieron todo lo que humanamente podían hacer. Pasa otro minuto. Todavía nada. La cápsula está mucho, mucho más allá del punto de regreso. El rescate aparentemente ha fracasado.

Silencio.

> *Odyssey*... jum... Houston... ¿me escuchan?

La radio comienza a hacer sonidos interrumpidos mientras que en la pantalla de la televisión aparece una pequeña mancha que emerge de las nubes. Se abren unos paracaídas rojos y escuchamos una respuesta del módulo de comando:

> Hola, Houston... este es *Odyssey*. ¡Nos da
> alegría verlos otra vez!

Aplausos. Gritos de júbilo. Abrazos por doquier. Lágrimas, lágrimas de alegría y alivio. Nuestros muchachos regresaron a casa. El supervisor de vuelo —un querido amigo de los hombres a bordo— casi no puede hablar.

Odyssey... Houston. Bienvenidos a casa... ¡estamos felices de verlos!

Y estoy hecho un desastre. He visto este final feliz probablemente unas veinte veces y todavía termino llorando. La mayoría de los días ni siquiera estoy consciente de cuán profundamente anhelo esto mientras paso corriendo las horas de mi día. Pero entonces esta escena paraliza mi corre y corre, u otra como esta, y una vez más me traspasa el anhelo. Tú también has estado aquí si recuerdas los finales de las historias que amas y lo que sentiste la primera vez que las escuchaste.

¿PUDIERA SER?

Esto está escrito en el corazón humano, este anhelo por el «vivieron felices para siempre».

¿Sabes? Toda historia tiene un final. Toda historia.

Incluso la tuya. ¿Alguna vez has encarado esto? Aun si te las arreglas para encontrar una pequeña muestra del Edén en esta vida, aun si eres una de esas almas afortunadas que encuentra algo de amor y felicidad en el mundo, no te puedes aferrar a esto. Lo sabes. Tu salud no durará para siempre. La edad te vencerá. Tu trabajo quedará inconcluso. Tu tiempo en el escenario llegará a un final. Como cualquier otra persona que se fue antes de ti, respirarás tu último aliento de vida.

¿Y luego qué? ¿Es ese el final de la Historia?

Si ese es el final, esta Historia es una tragedia. Macbeth estaba en lo correcto. La vida es una historia contada por un tonto, llena de sonido y furia, que no significa nada. Quizás tienes que perder a alguien que amas para ser sacudido de la negación de tu mortalidad. Eso llegará. Tarde o temprano, la vida te romperá el corazón. O mejor dicho, la muerte te romperá el corazón. El enemigo final es la muerte. ¿Acaso no hay salida? ¿Tenemos un futuro?

Nuestro Enemigo es un ladrón, y de todas las cosas preciosas que ha robado de nuestros corazones, su peor acto de traición ha sido robar nuestro futuro. Él ha robado toda la magia y promesa, y maravilla del «vivieron felices para siempre». Muy pocos de nosotros vivimos con esperanza. Para los que no tienen fe, él ha susurrado: «Tu historia termina con un accidente, y luego… no hay nada. Ya no ocurrirá nada mejor».

No es de extrañarse que la gente beba mucho, coma mucho, vea demasiada televisión; básicamente se desconecte. Si se permiten sentir la profundidad de su anhelo real por la vida, el amor y la felicidad, pero no tienen la esperanza de que la vida llegará en algún momento… es simplemente demasiado para sobrellevar.

Pero para aquellos que buscan en fe el final de la Historia, nuestro Enemigo ha susurrado una mentira aún más diabólica, más difícil de disipar porque se oculta detrás de los simbolismos religiosos: el cielo será un servicio de iglesia eterno en los aires. Todas esas imágenes absurdas de nubes y arpas. He escuchado en innumerables ocasiones que «adoraremos a Dios para siempre». Que cantaremos un himno glorioso detrás de otro, por siempre y para siempre, amén.

Eso me suena a infierno.

Ahora, en serio… aunque se nos *fue* dado el Edén como nuestro paraíso, todo este maravilloso mundo de belleza, intimidad y aventura, ¿en la vida por venir seremos enviados a la iglesia para siempre porque eso es de alguna manera *mejor*? En eso no hay esperanza. Eso no es lo que está escrito en nuestros corazones.

Digo, realmente. ¿Acaso hemos soñado mejores sueños que los que Dios puede soñar? ¿Hemos escrito historias que tengan un mejor final que el que Dios ha provisto? No puede ser.

Tengo unas noticias realmente buenas para ti y no hablo de las llamadas «Buenas Nuevas». Ni siquiera se acerca.

Dios ha establecido eternidad en nuestros corazones. Hemos tratado de expresarla en las historias que contamos. O mejor dicho, esa eternidad ha estado tratando de expresarse a sí misma, esta eternidad escrita en nuestros corazones. Y la Biblia es testigo de esto; de hecho, la mejor de esas historias está muy cerca de lo que está a punto de ocurrir en *nuestra* Historia. Sígueme en esto. Te dejará sin aliento.

PARAÍSO RESTAURADO

Vi un cielo nuevo y una tierra nueva.
(Apocalipsis 21.1)

El Cuarto Acto también comienza con luz, con un amanecer que revela un Paraíso.

Solo que este Paraíso es en cierto modo conocido.

Visualiza en tu mente la escena final de *Titanic*. Jack está muerto, hace unos ochenta años. Rose es ahora una mujer muy anciana, su vida detrás de ella, desvaneciéndose como las fotografías colocadas sobre su mesita de noche. Vemos el una vez maravilloso trasatlántico, «el barco de los sueños», hecho escombros y descomponiéndose en el fondo del mar. Un lugar dentro de cada uno de nosotros siente que todas las historias finalmente terminarán así, aunque tratemos de evitarlo. Todo está perdido.

Entonces algo comienza a suceder.

Muy profundo en la oscuridad del *Titanic* una luz comienza a abrirse paso, una luz tan fresca y pura como la primera mañana de la Creación. Fluye a través de cada vestíbulo, corre aprisa a través de cada lugar hechizado. La luz gloriosa limpia y restaura el esplendor y la belleza del gran barco delante de nuestros ojos. Los escombros desaparecen; la cubierta resplandece como el primer día en que fue hecha.

En un solo pestañear, el barco es *restaurado*. Las puertas de los majestuosos salones de baile se abren de par en par, y descubrimos a todos los corazones maravillosos de la historia, reunidos otra vez. El Enamorado y su Amada son reunidos; hay una gran fiesta.

Este final feliz fue tomado directamente de las Escrituras. Una vida inmortal. La restauración de todas las cosas. Una fiesta de bodas. Más allá de toda esperanza, el Paraíso es recobrado. Esto es lo que Dios ha estado tratando de decirnos todo el tiempo:

> Porque he aquí que yo crearé nuevos cielos y nueva tierra. (Isaías 65.17)

Mira a la vida de Jesús. Observa lo que él hizo.

Cuando Jesús tocó a los ciegos, ellos pudieron *ver*; toda la belleza del mundo se abrió ante ellos. Cuando tocó a los sordos, pudieron *oír*; por primera vez en sus vidas escucharon la risa, la música y las voces de sus hijos. Cuando tocó a los paralíticos, ellos *saltaron* sobre sus pies y comenzaron a bailar. Y llamó a los muertos a volver a la *vida* y se los devolvió a sus familias.

¿Puedes verlo? Dondequiera que estaba quebrantada la humanidad, Jesús la restauró. Él nos está dando una ilustración aquí, y allá y allá otra vez. La venida del reino de Dios *restaura* al mundo que él creó.

Dios ha estado susurrándonos este secreto por medio de la creación misma, cada año, en cada primavera, desde que salimos del Edén. Claro está, el invierno tiene sus propias alegrías. El esplendor de una nevada a medianoche, la emoción de deslizarnos en un trineo montaña abajo, la magia de los días de fiesta. Pero si el invierno llegara para nunca irse, estaríamos desolados. Los árboles sin hojas, las flores desaparecidas, la hierba de las colinas, secas y quebradizas. El mundo para siempre frío, silente, sombrío.

Después de meses y meses de invierno, añoro el retorno del verano. Sol, calor, color y los largos días de aventura juntos. El jardín florece en toda su belleza. Las praderas suaves y verdes. Vacaciones. Días de fiesta. ¿No es esto acaso lo que anhelamos en lo más profundo? ¿Dejar atrás el invierno del mundo, lo que Shakespeare llamó «el invierno de nuestro descontento», y encontrarnos de repente en las praderas abiertas del verano?

Si escuchamos, descubriremos una tremenda alegría y maravilla. La restauración del mundo desplegada ante nosotros cada primavera y verano es *precisamente* lo que Dios nos está prometiendo con respecto a nuestras vidas. Cada milagro que Jesús realizó está señalando hacia esta Restauración, el día cuando él haga todas las cosas nuevas. Al final del Cuarto Acto, él anuncia:

> He aquí, yo hago nuevas todas las cosas.
> (Apocalipsis 21.5)

He aquí —¡mira esto!— te estoy devolviendo el Paraíso. Esta es la sorpresa que nos deja sin aliento al final de *Titanic*. Y al final del *Rey León*... el malo es derrotado y la creación es restaurada, hecha nueva. De esta forma, al final de *Gladiador* vemos a Máximo, muy lleno de vida y sano de todas sus heridas, caminando por los campos dorados de España para reunirse con su esposa e hijo. Dorothy llega sana y salva a su hogar al final de *El mago de Oz*, y la Tierra-media es restaurada al final de *El señor de los anillos*. Es el final feliz de *Las Crónicas de Narnia*:

> Fue el Unicornio el que resumió lo que todos estaban sintiendo. Él estampó su pezuña delantera en el suelo y relinchó, y luego gritó:

«¡Al fin he llegado a casa! Este es mi país
verdadero. Pertenezco aquí. Esta es la tierra
que he estado buscando toda mi vida, aunque no lo supe hasta ahora. La razón por la
que amamos tanto a la vieja Narnia es porque a veces se parecía un poco a esto».

El mundo en toda su belleza será nuestro otra
vez... para siempre.

JUNTOS OTRA VEZ

Y es la palabra *nuestro* la que taladra mi mente. Al
pensar otra vez en los finales más felices de las mejores historias, me doy cuenta de que lo que provoca
mis lágrimas es la recuperación de las *relaciones*, la
gente a la que hemos llegado a amar es devuelta a su
casa.

«¡Oh, regocíjense más allá de un gozo común y es-
críbanlo con oro en pilares perennes». Este es el
clamor elevado al final de la obra teatral de Shakespeare, *La Tempestad*. ¿Cuál es la razón para tal gozo
fuera de lo común? Que a pesar de la traición, la trampa
y un naufragio que por tanto tiempo habían separado
a familias, enamorados y hasta reinos, todos han sido
reunidos. A pesar de todo, han sido restaurados unos
a otros.

> En una travesía
>> Claribel y su esposo se encontraron
>> en Tunis,
>> Y Ferdinand, el hermano de ella,
>>> encontró una esposa
> Donde él mismo estaba perdido;
>> Próspero, su ducado
> En una pobre isla; y todos nosotros a
> nosotros mismos,
> Donde ningún hombre se pertenecía.

Es el gran compañerismo en la fiesta en el *Titanic* lo que provoca tales lágrimas de alegría. Son los muchachos llegando a salvo a casa en *Apolo 13*. Es Máximo reunido con su familia. Así la comunidad encuentra vivo a Gandalf; ya no Gandalf el Gris, caído más allá de cualquier recuperación en las minas de Moria, sino a Gandalf el Blanco, a quien la muerte ya no puede tocar otra vez. Así Frodo y Sam son rescatados de las pendientes del Monte Doom, y cuando despiertan, lo hacen frente a un nuevo amanecer con el sonido de las aves y la risa de sus amigos.

Este es nuestro futuro.

Luego de entregar su vida por nosotros, Jesús de Nazaret fue puesto en una tumba. Fue enterrado como cualquier otra persona muerta. Su familia y sus amigos estuvieron de luto. Sus enemigos se alegraron. Y la mayoría del mundo regresó a sus asuntos como de costumbre, sin sospechar la épica majestuosa que ocurría a su alrededor. Luego, después de tres días, también al amanecer, su historia dio un giro drástico y repentino.

> Y muy de mañana, el primer día de la semana, vinieron al sepulcro, ya salido el sol. Pero decían entre sí: ¿Quién nos removerá la piedra de la entrada del sepulcro? Pero cuando miraron, vieron removida la piedra, que era muy grande. Y cuando entraron en el sepulcro, vieron a un joven sentado al lado derecho, cubierto de una larga ropa blanca; y se espantaron. Mas él les dijo: No os asustéis; buscáis a Jesús nazareno, el que fue crucificado; ha resucitado, no está aquí; mirad el lugar en donde le pusieron. Pero id, decid a sus discípulos, y a Pedro, que él va delante de vosotros a Galilea; allí le veréis, como os dijo. (Marcos 16.2-7)

Jesús regresó. Apareció otra vez. Les fue restaurado a ellos. Entró en la casa donde se habían reunido para consolarse unos a otros en su pena y preguntó si tenían algo de comer. Este fue el final de una historia más asombroso, increíble y feliz que puedas imaginar.

Y es también el nuestro.

La resurrección de Jesús fue la primera de muchas, la precursora de la nuestra. Él trazó la senda, como dice el refrán.

> Lo cierto es que Cristo ha sido levantado de entre los muertos, como primicias de los que murieron. (1 Corintios 15.20 NVI)

> A los que de antemano Dios había conocido, los destinó desde un principio a ser como su Hijo, para que su Hijo fuera el primero entre muchos hermanos.
> (Romanos 8.29 DHH)

Así que, nosotros también, viviremos y nunca moriremos. La Creación será restaurada y *nosotros* seres restaurados. Y lo compartiremos juntos. «Te digo que hoy», le dijo Jesús al ladrón en la cruz, «estarás conmigo en el paraíso» (Lucas 23.43). Imagínalo. Imagina reunirte en el paraíso con los seres que amas y con todos los corazones maravillosos y nobles de esta Historia.

Caminaremos con Dios en el Huerto en el amanecer de un nuevo día. Veremos a Jesús cara a cara. Le oiremos reír. Todo lo que se ha interpuesto entre nosotros, desaparecerá y nuestros corazones serán liberados para amar realmente. Esto comienza con una gran fiesta, como ocurre en *Titanic*, lo que la Biblia llama «la cena de las bodas del Cordero» (Apocalipsis 19.9). Levantarás una copa con Adán y Eva, con Pablo y San Patricio, con tu abuela y tu nieto.

Imagina las historias que escucharás. Y todas las preguntas que finalmente tendrán respuestas. Y las respuestas no serán de una sola palabra, sino historia tras historia, un festejo de maravilla y risa, y lágrimas de alegría.

¿ESTARÁN ALLÍ TODAS LAS PERSONAS QUE AMO?

El reino de los cielos es semejante a un rey que hizo fiesta de bodas a su hijo; y envió a sus siervos a llamar a los convidados a las bodas; mas éstos no quisieron venir. Volvió a enviar otros siervos, diciendo: Decid a los convidados: He aquí, he preparado mi comida; mis toros y animales engordados han sido muertos, y todo está dispuesto; venid a las bodas. Mas ellos, sin hacer caso, se fueron, uno a su labranza, y otro a sus negocios.
(Mateo 22.2–5)

Ahora estamos listos para una verdad aleccionadora, que nos da más que pensar que ninguna otra que hayamos considerado.

Para ser sinceros, debemos entender que no todo el mundo vive feliz para siempre, esto no ocurre en cualquier relato. Esta promesa de un final feliz —o de un nuevo comienzo— es solo para los amigos de Dios. Mucha gente no quiere la vida que Dios le ofrece. Si ellos rechazan el Corazón mismo de todas las cosas, bueno, entonces, ¿dónde deben pasar su eternidad?

Muchas cosas horribles se han hecho con la doctrina del infierno. «Irás al infierno por eso» se ha usado para condenar todo tipo de cosas que Dios no condena. Y aunque la Biblia condena la *embriaguez*, también dice que el vino alegra el corazón del hombre (Salmo 104.15). Y permíteme añadir que durante la última comida que compartió con sus amigos antes de su muerte, Jesús dijo: «Y os digo que desde ahora no beberé más de este fruto de la vid, hasta aquel día en que lo beba nuevo con vosotros en el reino de mi Padre» (Mateo 26.29). Habrá vino en el Banquete.

Más aún, aquellos que han estado golpeando la idea del infierno como si fuera un palo de golf te dan la impresión de que serán felices si ven que te han enviado allá. Pero no nuestro Dios, quien «es paciente para con nosotros, no queriendo que ninguno perezca, sino que todos procedan al arrepentimiento» (2 Pedro 3.9). El Enamorado de nuestras almas, Aquel que nos han perseguido a través de tiempo y espacio, que entregó su propia vida para rescatarnos del Reino de la Oscuridad, lo ha dejado claro: él no quiere perdernos. Anhela que estemos con él para siempre.

No obstante, simplemente porque ciertas personas han abusado del concepto del infierno no quiere decir que no existe.

Primero, debes entender que el infierno no fue creado para la humanidad, sino para Satanás y sus ángeles (Mateo 25.41). Estoy seguro que recordarás con placer las historias en las que el malo es destruido al final. Cómodo muere por su propio cuchillo en la arena. Darth Maul muere a manos del sable de Obi-Wan Kenobi. El gran abismo se abre en la tierra para tragarse a Saurón y a su ejército de Orcs para que así la Tierra-media pueda ser finalmente libre.

El infierno no es la intención de Dios para la humanidad.

Pero recuerda... él nos dio libre albedrío.

Él nos dio una elección.

Parece que olvidamos —quizás sea más acertado decir que nos negamos a recordar— que somos nosotros los que le traicionamos a él y no viceversa. Somos los que escuchamos las mentiras del Villano del Huerto; escogimos desconfiar en el corazón de Dios. Al faltar a la única orden que nos dio, comenzamos una vida de faltar a sus mandamientos. (¿Has amado a Dios con todo tu corazón, toda tu alma, mente y fuerza? ¿Has amado a tu prójimo como a ti mismo?)

El acto final de egocentrismo se ve en aquellos que se niegan a asistir a la fiesta de bodas de Dios (Mateo 22.2–3). Ellos no quieren a Dios. Rechazan la oferta divina de perdón y reconciliación por medio de Jesús. ¿Qué debe hacer él? El universo tiene solo dos opciones. Si insisten, Dios les concederá lo que han querido: que los dejen solos.

> El hombre se levanta de la última lucha de muerte en absoluta soledad; una soledad tal que se asemeja al momento más miserable de una niñez de abandono que nunca conoció. Ni un indicio, ni una sombra de nada fuera de su conciencia lo alcanza. Todo está oscuro, oscuro y callado; ningún movimiento… ¡ni siquiera la respiración del viento! ¡Nunca un sueño de cambio! ¡Ni un olor desde el campo distante! No hay una señal de Dios por ninguna parte. Dios se ha alejado demasiado del hombre… él está en la prisión de Dios, separado de sí mismo. (George MacDonald, *The Last Farthing* [El último cuarto])

Ser rescatados de una eternidad alejados de Dios; esta es la razón por la que los rescatados se inclinan ante él en la Gran Fiesta con canciones de gratitud y

adoración. Sí, adoraremos a Dios. No será como un
servicio en la iglesia, pero le adoraremos. Le glorifica-
remos.

Pero ese día todavía está por llegar.

Hasta entonces, la invitación de la vida está abierta.

> Os he puesto delante la vida y la muerte, la
> bendición y la maldición; escoge, pues, la
> vida. (Deuteronomio 30.19)

¡AL FIN VIDA!

Y, mis amigos, vida *es* el ofrecimiento. Que no se nos
olvide esto.

> Porque de tal manera amó Dios al mundo,
> que ha dado a su Hijo unigénito, para que
> todo aquel que en él cree, no se pierda, mas
> tenga vida eterna. (Juan 3.16)

> Venir a mí para que tengáis vida. (Juan 5.40)

> El ladrón no viene sino para hurtar y matar y
> destruir; yo he venido para que tengan vida,
> y para que la tengan en abundancia.
> (Juan 10.10)

> Y esta es la vida eterna: que te conozcan a ti,
> el único Dios verdadero, y a Jesucristo, a
> quien has enviado. (Juan 17.3)

> Y el que tiene sed, venga; y el que quiera,
> tome del agua de la vida gratuitamente.
> (Apocalipsis 22.17)

No hay una manera más simple ni más hermosa de decirlo que esta: el Cuarto Acto es la restauración de la vida como siempre se supone que hubiera sido.

Es el regreso de la belleza, la intimidad y la aventura para las que fuimos creados para disfrutar, y que hemos anhelado cada día de nuestras vidas. Y aún *mejor*, porque es inmortal. Ya nunca más podemos perderla. Ya no pueden quitárnosla. El amanecer y el atardecer narran el relato todos los días, recordándonos la gloria del Edén, prediciendo el regreso del Edén.

Y qué aventuras se revelarán cuando se nos haya dado el reino que siempre tuvo la intención de ser nuestro. Escucha esto:

> Entonces el Rey dirá a los de su derecha: Venid, benditos de mi Padre, heredad *el reino preparado para vosotros desde la fundación del mundo*. (Mateo 25.34, énfasis añadido)

> ¿Quién es, pues, el siervo fiel y prudente,
> al cual puso su señor sobre su casa para que
> les dé el alimento a tiempo? Bienaventura-
> do aquel siervo al cual, cuando su señor
> venga, le halle haciendo así. *De cierto os
> digo que sobre todos sus bienes le pondrá.*
> (Mateo 24.45–47, énfasis añadido)

Adán y Eva, y todos sus hijos e hijas después de
ellos, fueron creados para reinar sobre la tierra; para
explorar, descubrir y crear, y hacer todas esas cosas
que ves a las personas hacer cuando dan lo mejor de
ellas.

Ese es nuestro destino.

Si todo lo que tenemos son nubes y arpas, entonces nuestras opciones son bastante limitadas. Pero
tener todo el cosmos delante de nosotros… ¡qué
maravilla! Cristo no está bromeando cuando nos
dice que heredaremos el reino preparado para nosotros
y que reinaremos con él para siempre. Asumiremos
la posición para la que fuimos singularmente creados y gobernaremos *como él lo hace*; es decir, con
creatividad y poder.

> Porque el anhelo ardiente de la creación es el
> aguardar la manifestación de los hijos de Dios.
> Porque la creación fue sujetada a vanidad, no

por su propia voluntad, sino por causa del que
la sujetó en esperanza; porque también la creación misma será libertada de la esclavitud de
corrupción, a la libertad gloriosa de los hijos de
Dios. (Romanos 8.19–21)

¿Qué te gustaría hacer primero? ¿Recorrer el
Amazonas a remo? ¿Aprender a tocar un instrumen-
to? ¿Descubrir un nuevo universo? Tendrás tiempo
suficiente para eso y más.

> Y en el tiempo perfecto, oh Dios
>   perfecto,
> Cuando estemos en nuestro hogar,
>   nuestro hogar natal,
> Cuando la alegría lleve toda carga
>   sagrada,
> Y de su vida y paz ningún corazón se
>   desplace,
> Y qué si tú nos hiciste capaces de
>   hacerlo como tú:
> ¡Alumbrar con lunas, vestir
>   con verdor,
> Colgar atardeceres dorados sobre una
>   rosa y un mar púrpura!
> (George MacDonald, *Diary of an Old
>   Soul* [Diario de un alma vieja])

¿LO LOGRAREMOS?

Luego de varios años de casados, Stasi y yo llegamos a
uno de los momentos más bajos de nuestras vidas.

Mientras una mañana estábamos sentados desayu-
nando en la mesa, el tema del divorcio se planteó en una
forma un tanto casual, como si fuera una cuestión rela-
cionada a la mermelada de frambuesa. Nos habíamos
alejado uno del otro, eso lo sabía, pero hasta ese momento no me había dado cuenta de cuánto. Durante los
siguientes días preparé un plan de emergencia. Nos iría-
mos a las montañas para unos días de descanso con la
esperanza de recuperar algo del terreno que habíamos
perdido. Habíamos pasado nuestra luna de miel en Yo-
semite y pensé que tal vez sería ese el lugar para buscar
nuestro romance perdido.

Partimos el día después de la Navidad en una mañana cálida y soleada. Pero mientras pasaban las horas, una
tormenta de nieve se iba desarrollando en las montañas
que estaban adelante. La noche cayó, y con ella llegó la
nieve, suavemente al principio, luego más fuerte y abun-
dante. Nuestro auto comenzó a resbalar y a dar vueltas
en la carretera cubierta de hielo. Estaba oscuro cuando
llegamos a la entrada del parque. En lo alto, podía ver
los autos delante de nosotros virando y bajando por la
montaña. *Ay, Señor*, oré, *por favor, no ahora, no cuando
tanto depende de esto.* El guardabosques nos dijo que las

carreteras se habían vuelto peligrosas y que una tormenta de nieve estaba azotando la parte alta de las montañas. Varios autos ya se habían salido de la carretera. Nos recomendó que regresáramos, pero nos permitió tomar la decisión.

«Continuaremos», respondí.

Con el paso de las horas, la nieve cubrió la carretera y los árboles a todo nuestro alrededor. Estábamos solos en un bosque oscuro. ¿Lo lograremos?, me pregunté a mí mismo. ¿Puede ser bueno aún si lo logramos? Mis nudillos estaban emblanquecidos de agarrar el volante, la tensión en el auto era espesa, un recordatorio de la razón por la que habíamos venido. Cuando estaba a punto de abandonar toda esperanza, lucecitas titilantes aparecieron entre los árboles a la distancia. Al doblar una curva, tuvimos el hotel a la vista: una hermosa hospedería victoriana con guirnaldas adornando los balcones y un inmenso árbol de Navidad en la ventana. La nevada había terminado y los copos de nieve estaban cayendo suave y delicadamente. Podíamos ver el fuego rugiendo en una chimenea de piedra enorme, bañando con un resplandor romántico a las parejas que se demoraron después de cenar.

Mientras estacionaba el auto en un lugar seguro, vimos a un ciervo que caminaba sin rumbo al otro lado del blanco valle al frente de nosotros.

Lo habíamos logrado.

La belleza de todo aquello parecía emitir la promesa de una vida restaurada. Cuando entramos en nuestra habitación, descubrimos una botella de champaña; un regalo que algunos amigos nos habían enviado por adelantado. Aquel fin de semana doblamos una esquina en nuestro matrimonio; no nos divorciamos. Esto fue hace veinte años.

Por lo pronto, nuestra vida es una jornada de alto riesgo y peligro constante. Pero estamos cerca del Tercer Acto; ciertamente nos estamos acercando al final de nuestra escena en él. Los largos años de exilio están bajando su intensidad y nos estamos acercando a casa. Ya no nos preguntamos si lo lograremos o si será algo bueno cuando lleguemos allí. «Voy a prepararles un lugar», Jesús prometió. «Y si me voy y se lo preparo, vendré para llevármelos conmigo. Así ustedes estarán donde yo esté» (Juan 14.2–3 NVI).

Un día muy pronto doblaremos en una curva en la carretera y nuestros sueños se harán realidad. Realmente viviremos felices para siempre. Los largos años en el exilio desaparecerán en las lágrimas de gozo de nuestra llegada a casa. Cada día cuando nos levantamos, podemos decirnos: *Mi jornada de hoy me acercará más a mi hogar; quizás esté apenas a la vuelta de la esquina.* Todo lo que anhelamos, lo tendremos; todo lo que ansiamos ser, lo seremos. Todo

eso que nos ha lastimado tan profundamente, desaparecerá. Y entonces comienza la vida verdadera.

> Podemos decir verdaderamente que vivie-
> ron felices para siempre. Pero para ellos era
> solo el principio de la historia real... ahora
> finalmente estaban comenzando el Primer
> Capítulo de la Gran Historia que nadie en la
> tierra ha leído; la que ocurre para siempre;
> en la que cada capítulo es mejor que el ante-
> rior. (*La Batalla Final*)

Epílogo

EL CAMINO DELANTE
DE NOSOTROS

El Camino sigue y sigue para siempre
Justo desde la puerta donde comenzó.
Ahora ya ha pasado mucho del Camino,
Y debo seguir, si es que puedo,
Prosiguiendo con pies anhelantes,
Hasta que se cruce con una senda mayor.

—J. R. R. TOLKIEN

Ahora qué?
Ahora estamos viviendo en algún punto hacia el final del Tercer Acto. Tenemos un futuro, pero esta narración todavía no termina, ni siquiera es una posibilidad remota. Ahora vivimos entre la batalla por el Mar de Helm y la batalla de los Campos

Pelennor. Entre las playas de Normandía y el final de
la guerra. Entre la caída de la República y la caída del
Imperio. Entre el Paraíso perdido y Paraíso recupera-
do.

Vivimos en una Historia mucho más dramática y
mucho más peligrosa que lo que jamás imaginamos. La
razón por la que nos gustan *Las Crónicas de Narnia* o
Viaje a las Estrellas o *The Matrix* o *El señor de los anillos* es
porque nos cuentan algo sobre nuestras vidas que nunca
recibimos de las noticias en su edición nocturna. O de la
mayoría de los púlpitos. Estas películas nos recuerdan la
majestuosa épica para la que fuimos creados.

Este es el tipo de relato en el que has caído.

¿Cómo podrías vivir de una forma diferente si
crees que esto es cierto?

La prueba final de cualquier creencia o fe que reclama ofrecer una respuesta para nuestras vidas es
esta: ¿Acaso una explica a la otra? ¿La historia coloca
en perspectiva las páginas que ya estamos sujetando,
los días de tu vida? ¿Toma todo en consideración?
¿Explica el anhelo en tu corazón por una vida que todavía no has encontrado? ¿Explica el mal que nos
rodea? Sobre todo, ¿te devuelve tu corazón, te lleva a
la Fuente de la vida?

Algo te ha estado llamando todos los días de tu
vida. Lo has escuchado en el viento y en la música que
amas, en las risas y en las lágrimas, y especialmente en

las historias que siempre han capturado tu corazón. *Hay* un secreto escrito en tu corazón. Un valiente Héroe-Enamorado y su Amada. Un Villano y una gran batalla que pelear. Una Jornada y una Búsqueda, más peligrosa y más emocionante de lo que jamás pudieras imaginar. Una pequeña comunidad que vele por ti.

Este es el evangelio del cristianismo.

Ahora bien, ¿cuál es *tu* parte? ¿Cuál es tu papel en la Historia?

En verdad, el único que puede decirte eso es el Autor. Para encontrar nuestras vidas, tenemos que volvernos a Jesús. Tenemos que entregar nuestro todo a él y pedirle que nos restaure como sus hijos. Le pedimos que nos perdone por nuestra traición a él. Le pedimos que nos haga lo que él tuvo la intención de que fuéramos: dinos quiénes somos y qué tenemos que hacer ahora. Le pedimos que quite el velo de nuestros ojos y de nuestros corazones. Sería bueno hacer una pausa y hacer eso ahora mismo.

> Y aun hasta el día de hoy, cuando se lee a Moisés, el velo está puesto sobre el corazón de ellos. Pero cuando se conviertan al Señor, el velo se quitará. (2 Corintios 3.15–16)

> Puestos los ojos en Jesús, el autor y consumador de la fe, el cual por el gozo puesto

delante de él sufrió la cruz, menospreciando el oprobio, y se sentó a la diestra del trono de Dios. (Hebreos 12.2)

RECUERDA

La Historia que Dios está contando —como toda gran historia que hace eco de ella— nos recuerda las tres verdades eternas que nos beneficiaría tener presente al dar el próximo paso fuera de la puerta.

Primero, *las cosas no son lo que parecen ser*.

¿Dónde estaríamos si Eva hubiera reconocido quién era realmente la serpiente? Y aquel carpintero de Nazaret… tampoco es lo que aparenta ser. Está ocurriendo mucho más a nuestro alrededor de lo que nuestros ojos alcanzan a ver. Vivimos en un mundo con dos mitades, una parte que podemos ver y otra que no. Debemos vivir como si el mundo jamás visto (el resto de la realidad) tiene más peso y es más real y más peligroso que la parte de la realidad que podemos ver.

Segundo, *estamos en guerra*.

Esta es una Historia de amor, situada en medio de una batalla de vida y muerte. Solo mira a tu alrededor. Mira todas las víctimas dispersas en el campo de batalla. Las almas perdidas, los corazones rotos, los cautivos. Debemos tomar esta batalla muy en serio. Este no es un juego de niños. Es una guerra… una batalla por el corazón humano.

Tercero, *tienes un papel crucial que desempeñar*.

Esta es la tercera verdad eterna que se repite en toda gran historia y resulta que es la que necesitamos con más desesperación si queremos entender alguna vez nuestros días. Frodo subestimó quién era él. Y lo mismo pasó con Neo. Y así también con Wallace. Y con Pedro, con Santiago y con Juan. Es algo muy peligroso subestimar nuestro papel en la Historia. Perderás tu corazón y no te darás cuenta de tus señales de entrada.

Estamos en nuestra hora más desesperada. Eres necesario.

Estamos muy adentrados en esta majestuosa épica a la que señala toda gran historia. Hemos llegado al momento donde nosotros, también, debemos encontrar nuestra valentía y levantarnos para recuperar nuestros corazones y pelear por los corazones de otros. Se está haciendo tarde y se ha desperdiciado mucho tiempo. Aslan está en marcha; debemos reunirnos con él en la mesa de piedra. Debemos encontrar a Gepetto perdido en el mar. Debemos apresurarnos. Debemos llegar a Minas Tirith y unirnos a la gran batalla final por la Tierra-media.

Jesús te llama a ser su aliado íntimo una vez más. Hay grandes cosas y grandes sacrificios que hacer. No te darás por vencido si entiendes lo que realmente está ocurriendo aquí, hacia dónde se dirige la Historia y lo que tu Enamorado te ha prometido.

> Es un mundo de magia y de misterio, de profunda oscuridad y de centellear de estrellas. Es un mundo donde ocurren cosas terribles y también cosas maravillosas. Es un mundo donde se enfrenta bondad contra maldad, amor contra odio, orden contra caos, en una gran lucha donde con frecuencia es difícil estar seguro quién pertenece a qué lado porque las apariencias son incesantemente engañosas. Sin embargo, a pesar de toda su confusión y fiereza, es un mundo en el que a fin de cuentas el bueno gana la batalla, quien vive feliz para siempre y donde en última instancia todo el mundo, tanto el bueno como el malo, llega a conocerse por su verdadero nombre... Este es el cuento de hadas del Evangelio, claro está, con una diferencia crucial de todas los cuentos de hadas, y es el reclamo que se hace de que es cierta, que no solo comienza con «había una vez», si no que ha seguido ocurriendo desde entonces y todavía sigue ocurriendo. (Frederick Buechner, *Telling the Truth* [Diciendo la verdad]).

Este es el evangelio.
Esta es la Historia en la que estamos viviendo.
Espero que desempeñes bien tu papel.

¿Quieres más?

Si las ideas de este corto libro de alguna manera te han sacudido, si quieres descubrir más sobre esta Épica y tu lugar en ella, te invito a que te des una vuelta por

www.epicreality.com

Allí encontrarás muchos pensamientos, ayudas y recursos para la jornada de tu corazón. O quizás quieras echar un vistazo a *El despertar de los muertos*, también de John Eldredge. Es un libro más extenso que explora más a fondo los temas que John ha presentado aquí.

John Eldredge es autor y maestro. Otros de sus libros son *El despertar de los muertos, Salvaje de corazón, El sagrado romance* y *The Journey of Desire* [La jornada del deseo]. John vive en Colorado con su esposa, Stasi y sus tres hijos.

Puedes aprender más sobre la obra de John en www.epicreality.com

CITAS BÍBLICAS TOMADAS DE...